星賢孝の

世界見て歩き

シルクロード・長江三峡・ヨセミテ紀行

歴史春秋社

まえがき

本書籍には、私がまだ40歳代~50歳代頃に訪れた、米国のサンフランシスコマラソン挑戦やヨセミテ渓谷の旅、中国シルクロードや長江三峡下りの紀行文三篇を収録しています。

訪れた直後に執筆していたこの紀行文を、このほど歴史春秋社さんに一冊の本として上梓していただきました。

特にその後における中国の急激な大変貌は、目を見張るものがあり、訪れた当時の中国国内のまだ発展途上の状況は、今となっては悠久の歴史ロマンの探訪であり、貴重な体験だったのかもしれません。

5000年の壮大な歴史を紡ぎながら旅した私の小さな冒険をお楽しみいただければ幸いです。

目次

42・195㎞のサンフランシスコ
（ヨセミテ・アドベンチャーランの旅）

１９８７年７月17日～７月23日

86年の夏からのんびりと走ってはいたけれど、10㎞以上走った事のない私が、いきなりのフルマラソンで、それも何とサンフランシスコを走る事となった。

6月の中旬まで、そんな事になるとはつゆほども思わぬ私は、チンタラ走りで、ひたすら周囲のひんしゅくをかっていた。

それが何と、晴天の霹靂に驚天動地をプラスして、なおかつ中畑清が、代打逆転満塁サヨナラホームランを叩き込んだ様な、大奇跡が起きてしまったのである。

神様仏様のミズノ様が、あの憧れのサンフランシスコに、何とこの私めをご招待してくださるというのである。

これ程の幸運が他にあろうか。かくてその瞬間から、妻の反対にも耳を貸さず、

長大にして美しいゴールデンゲートブリッジ

泣きすがる子供の手をも振りきり、大切な仕事も全部ブン投げて、すでにして遙かなるサンフランシスコに飛び立ってしまったのである。

今日からは、私はもう「福島のイモ」ではない。私は「全日本の希望の星」だ。ヨーシ。日本男児のど根性を見せつけてやる！と実に恐ろしい決心をしてしまったのだ。

それにしても、レース本番まで、たった40日しかない。とりあえず20km程走ってみたが、ふんどしの緩んだ小錦の様なざまで、我ながら情けない。

早速、ありったけの雑誌「ランナーズ」を引っ張り出して、フルマラソンの走り方を研究する。

カーボローディングがどうの、LSDがこうの…と、頭をひねったせいか、一夜にして、気分は「日本の瀬古」になった。

「瀬古」であるからには、それなりの格好も必要というもので、シューズはスカイセンサー。ウォームアップスーツはミズノのフィールドジャックと気張ってみる。馬子にも衣装とはいったもので、まあ立っている分には、それなりに決まっている。

とにもかくにも、大張り切りの渡航準備と練習で、何と、私はたった一ヶ月で、42㎞のフルを2回も走ってしまったのである。いくら何でも、さすがにそれはないぜで、翌日から両膝が笑い出した。

かくして、日本中の期待と羨望を一身に受けて、1987年7月17日夕刻、私はサンフランシスコ行き、ＪＡＬ004便の機中の人となった。

シスコまでは、9時間のフライトである。もちろん外国は初めての渡航である。ではあるが、そんなそぶりはもちろん見せない。「福島のイモのヒゲ」をフィールドジャックに包み込んで、アチラ語の雑誌をおもむろに取り、悠然と頁をめくる。「ムフフ、決まってるだろう」…何とも実に気持ちがいい。しかし、アチラ語を「読む」という行為は少し飽きるし疲れる。本番に備えて今日のところは、写真を眺めるだけの行為に限定する事とする。

さて、そうなると9時間のフライトはさすがに長い。退屈である。同じ場所に長時間座っているのが次第に苦痛になってきた。

ちなみに、長時間のフライトの後で、倒れる人が実に多いという。長時間何もしないでじっとしていると血液が固まり、それが血管に詰まって心臓にきたり、呼吸不全になる事もあるらしい。これを「エコノミークラス症候群」と呼ぶらしい。ビ

ゴールデンゲイトブリッジをバックに

ジネスクラスやファーストクラスに乗れば発症しないというわけでもあるまいに、ふざけた病名だ。

このエコノミークラスが危ない、とはこの時は知らなかったので、誠にもって窮屈な座席にひたすらに耐え、疲労困憊してようやくトロトロと眠ったらドスンと到着。サンフランシスコは朝だった。

三方を海に固まれたサンフランシスコは、大陸の暖気と、太平洋の寒流が衝突して発生する濃い霧の中に沈んでいた。

マラソンのスタート地点は霧の中だ

ミズノツアー一行が貸し切りバスに乗り込むと、まずはサンフランシスコ市内観光だ。

世界有数の長大な吊り橋はゴールデンゲイトブリッジ。真っ青な空と、紺碧の海にとてつもなく長大な赤い吊り橋が架かっている。大迫力に圧倒される。

3kmの沖合に浮かぶ小島はアルカトラス島。そういえば、あれはクリント・イーストウッドが映画で脱出したり、ハリーがマグナムをぶっ放した島だ。

サンフランシスコの街は、急坂の多い美

しい街である。名物のケーブルカーがチンチンと鈴を鳴らし、鈴なりの人まで乗せて走っている。

もしかして「ブリットのスティーブ」や「ダーティハリーのクリント」が乗っていないものかと、じっと目を凝らして見たが、見た事もない外国人ばかりで、全然面白くない。

そういえば、スティーブ・マックインは死んじまったし、クリントはシスコの隣のカーメル市の市長などと血迷っちまって、居るわけがない。

代わりにシスコの町並みを颯爽と流しているのが、実は「福島のイモ男」だという、厳然たる事実を、一体どれだけの人類が認識しているのであろうか！ …などと全くらちも無い事を考えながらシスコの街を闊歩する。

シスコ第一日目の夜は、ランナーズ主催のカーボパーティで盛り上がり、二日目は早朝から、５㎞のブレックファーストランである。フィッシャーマンズワーフまで、２００人程が軽くジョグして、メキシカンレストランで朝食と洒落る。

１９８7年サンフランシスコマラソン大会は、7月19日（日）。６０００人の参加者を集めて行われた。

日本人参加者は、ミズノツアー20名を含めて70人である。

早朝5時、容赦ないモーニングコールに叩き起こされて、配られたおにぎりや、サンドイッチを食べる。エイドステーションは水だけしかないと聞いたので、みっちりと食べる。

スタート地点のフランス宮殿は、シスコ名物の濃い霧に覆われていて幻想的だ。15℃の冷気がフィールドジャックを通しても肌寒い。

ハイビートのロックミュージックが悲鳴を上げると、陽気なアメリカンエアロビックでのストレッチングだ。

旅の恥は何とやらで、私もつられて踊り狂う。まあそれなりにカッコ付けたつもりで楽しかったが、帰ってきて自分の姿をビデオで見たら、あまりの醜態に気持ちが悪くなった。

午前8時ついにマラソンのスタートである。号砲一発、一斉にとはいかない、なにせ6000人である。なかなか前が動かない。ようやくスタートできたが、ノロノロ走りのギューギュー詰めである。それにしても実に壮観なスタートである。人人人が道路一杯にあふれて延々と続いている。私は初マラソンという事で、とにかく完走が第一目標だ。できれば4時間以内のゴールをめざす。マイル9分のイーブンペースで走れば達成できる計算だ。ランシャツに日の丸とゼッケンを付け、右手にはバナナ、左手にはカロリーメイトを持ち、ウエストバッグにはキャラメルとドーナツ、チョコレートもぎっしり入っている。

かくして、全身これ食い物で武装した日本男子が、シスコの町並みを「失走」するという、人類の果てしない夢の一つが、ついに今現実となった。

スタートしてしばらくは、緩やかな長い下り坂が続く。どっちを見てもどでかい外国人ばかりだ。見事に足の長い黒人。すらりとした女性ランナー。ヘッドホンを耳に当てたカッコマンも走っている。

距離とタイムの表示は1マイル毎で、ペース配分には大助かりだ。ゴールデンゲートパークに入ると2マイル地点。予定通り走ったつもりが、20分をオーバーしている。アレレと思ってペースを上げる。

アップしたら次はペースオーバー。そうか、スタート時のロスタイムだったかと、聡明な私の頭がようやく回転する。

いかにカッコいい外国人女性のお尻でも、長時間見ていると、さすがに日本人が

失走中の筆者

恋しくなった。10マイル付近を折り返すと、後続のランナー達と交差する。日本人ヤーイと探しながら走る。ようやく見つけると、イヨウ！っと声を掛けて手を振り合う。うれしさがこみ上げてくる。

「ランナーズ」の下条編集長も、手を振っての暖かい声援。ミズノの伊藤さんや、「ランナーズ」の近藤さんも、慌ただしく地下鉄を駆けめぐって懸命に声を掛ける。見知らぬ異国の地を走っているランナーには実に心強い応援だ。

サンフランシスコマラソンは、全コース全面交通止めとなる。アメリカの広い道路一杯を、勝手気ままに走れるのだ。日本では、田舎のあぜ道のションベン道路でさえ、ビビッと車にどやされる始末だというに。

エイドステーションは2マイル毎にあって、大勢のボランティア達が、揃いのTシャツを着て、ランナー達に水を差し出したり、大きな声援を送ってくれる。

フィッシャーマンズワーフは26㎞地点にある。観光客に一番人気の華やかなところだ。日本人観光客も大勢いて「日本頑張れ」と大きな声援を贈る。私は馬鹿の一つ覚えのVサインを突き上げて、グッグッとスピードを上げる。

沿道のそちこちでは、市民の生バンドが強烈なビートをまき散らして、選手の興奮をこれでもかとあおり立てる。

その所為でもないだろうが、ヘトヘトになるだろうと思った私の腹が、30㎞を過ぎても一向に減ってこない。これでは、せっかくここまで持ってきた「完全武装食品」も、お荷物になってしまいそうだ。

沿道で応援を送っているアメリカの可愛い女の子をめざとく見つけると、さっと走り寄って「はいどうぞ」とお荷物のバナナを渡してしまった。

折から、日米間は貿易摩擦の嵐が吹き荒れてギクシャクしている。私のあの心温まる行為は、日米友好の美談として、きっと末永く語り継がれていくに相違ない。私は清々しい満足感に包まれてまたひた走りにスピードを上げる。

ツアー仲間の佐藤さんに追いつくと、やがてあのゴールデンブリッジの折り返し点だ。ゴール地点までは、あと10km程だ。タイムは予定通りで、順調にきているが、海沿いの冷たい風は、疲弊した体には寒いくらいだ。

目の前には真っ青な空と、紺碧の海が広がっている。

満々と水を湛えたサンフランシスコ湾に、ゴールデンブリッジは長大な肢体をのばし、高層ビル群の鋭い輪郭は、天を突いて水際までせり出している。

３kmの沖合にはアルカトラズ島が小さく浮かび、サンフランシスコは夢の様な美しさを次々と展開してくれる。

今そのサンフランシスコの水際を、６０００人のランナーが、ただひたすらに走っている。

砂地に足を取られ、苦しさに喘ぎながら、一歩そしてまた一歩を自らの足で踏みしめている。

次第に増してきていた両腿の張りが、パレスオブファインアーツ宮殿を過ぎる頃から、強い痛みに変わってきた。もう景色を眺める余裕もなくなってきた。

それにしても、急坂の多いサンフランシスコだが、すばらしいコースどりで、アップダウンも意外に少ない。

とはいえ、37km付近のあの急激な下り、あれには私も参りました。両腿を突き刺す様な激痛が走って、どうにも我慢ができない。後ろ向きになったり、ゆっくりと歩いて下る。

下りきると、そこからゴールまでは、あと5㎞程だ。シスコのメインストリートを走る。ダウンタウンを走る。フィニッシュはもう少しだ。肉体はもうすでに限界を超えてしまった。

激痛に耐え、歯を食いしばって、懸命に走る。なにくそと叫びながら走る。沿道の応援は、いよいよ勢いを増した。広東風の建物が軒を連ねるチャイナタウンは、あふれんばかりの市民で埋まっている。大歓声と猛烈な拍手が感動的だ。ケーブルカーはチンチンと鈴を鳴らして走り、車上から身を乗り出した陽気なサンフランシスカンは、大きく手を振って声援を送る。

もう支えているのは、気力だけだ。温かい応援すらも目に入らなくなってきた。死力を振り絞って走っていると、紺碧の空にそびえ立つゴールの市庁舎が目に飛び込んできた。

やったあ！ ついに走りきった42・195㎞。栄光のフィニッシュ。これ程の感激が他にあろうか。

突き上げる感激と喜びにふるえながら、ついに私は歓喜のゴールに飛び込んでいった。

3時間48分　1863位

サンフランシスコの青い空は何処までも澄みわたって、次々と飛び込んでくるフィニッシャー達をたおやかに迎えてくれた。

市庁舎の広い芝生の上で、走り終えたランナー達がゆっくりとくつろいでいる。みんなにこやかに、とてもいい顔をしていた。完全燃焼の爽やかな笑顔であった。

穏やかにくつろぐランナー達に、サンフランシスコの青い空は、眩しい程に澄みわたり、爽やかな風は疲れ切った体を優しく撫でていった。

完走後くつろぐランナー

ゴールの市庁舎

３時間48分の苦しみはたちまちに消え去って、そこには爽やかな清々しさだけが満ちあふれていた。

苦しみと、ふれあいと、栄光の喜びと、そしてランナー達に、何よりかけがえのない思い出を添えて、４２・１９５㎞のサンフランシスコはその幕を閉じた。

走り終えた夜は、いよいよ待ちに待ったステーキだ。さあ行ってみようと、灯りきらめくシスコの坂道を、ミズノチームは、ピコタンピコタンとよろめき歩く。

「うんまーい」

何という旨さだ。一流レストランで食べたステーキと巨大なロブスターが、たった６５００円とは、いくら何でも安すぎる。

立ち上がって、私はわけもなく興奮する。イヤまて、実は日本が高すぎるのだ。

気づいてますます興奮する。

はるばる辿り着いたシスコの夜も、もはやこれまで、今夜だけ。私はもう十分に堪能して、満ち足りて、穏やかにベッドに横たわった。

ヨセミテの深い峡谷

……くそ、何という事だ。シスコ名物のあのケーブルカーに、実は、私は未だ乗っていなかったのだ。

明けて20日は、待望のヨセミテ国立公園への旅。シスコからは、バスに揺られて4時間である。

大西部の荒野をひた走ってバスは美

しい峡谷に入っていった。

グレイシャーポイントから眺めるヨセミテは、まさに絶景の極みであった。

大岩壁が見渡す限り連なって、真っ白に輝いている。

視線を下に転ずれば、思わず目もくらむ大絶壁だ。足を一歩踏み外すだけで、半分も落下しない内に安らかになれる事だろう。

巨大な円屋根を半分に断ち切った様なハーフドームは、マーセド川の河床から、実に5000ftの高さまで一気にそびえ立つ大岩壁だ。

エルキャピタンは1100

ハーフドームが美しい

圧倒的な迫力で広がっている雄大なヨセミテ

mの凄まじいまでの大絶壁で、命知らずのクライマーがゴマ粒の様にとりついている。

耳をつんざく轟音と共に、ヨセミテ滝の爆水は、遙か上空より、空中を切り裂いて落下している。

まさにダイナミックな大自然に圧倒される。


アメリカ大西部ヨセミテの中心に、全米に轟く高級リゾートホテル「アワニー」がある。宿泊するには、何と3年の予約待ちだそうだ。

その「アワニー」が今宵の我々の晩餐会場だ。

晩餐のメニューは、「ニジマスの何とか」というが、それが分からない。あくまでも恐れ多いのだ。

本来であれば、スーツにネクタイ着用がエチケットの高級ホテルに、見るからに

アワニーホテル

品の良い私達は特別に許可を頂いて、ポロシャツ姿である。がしかし妙に落ち着かない。

さりながら、語り合う言葉はなぜか厳かになって、いつもの馬鹿笑いもかげをひそめる。

隠し持ってきたワンカップも出せる勇気が無く、ひっそりとポケットの中に入ったままだ。

らしくもない紳士淑女が、まさに贅を尽くした「ニジマスの何とか」をあっという間に平らげる。

物足りない私は、それこそニジマスの骨までも食ってしまった。

美しいピアノの荘厳な響きが疲れた体に心地よく染みわたっていった。

翌21日、ミズノチームの本番は、この日の「ヨセミテ・アドベンチャーラン」にこそある。

ミズノスーパースターランニングスーツを着用し、ホーネットの紐を締め付けて、私達は今ヨセミテの風になるのだ。

ゆったりとしたマーセド川の流れに沿って、大勢のキャンパーや釣り人達が、大きな歓声を上げている。

ランニングする私達の側をサイクリングや乗馬を楽しむ人達が通り過ぎる。

美しいミラー湖に向かって、私達は、巨大なオークや松のそびえ立つ小道をアドベンチャーランだ。

マラソンの疲れが残り、集団でピコタン走りの「変な外国人」に、本物の外国人

美しいミラー湖

があきれている。

圧倒的な大岩壁に抱かれ、ミラー湖は清らかな水を満々と湛えて、ひっそりと横たわっていた。

楽園の様な美しさと、途方もないスケールの中で、私達は草原を駈けぬけ、白砂を蹴散らしまさにアドベンチャーランだ。

大きな歓声が大岩壁にこだまする。

7月とはいえ、ミラー湖に注ぐ小川は清らかで冷たく、浅い所は膝くらいだ。もちろん水しぶきを上げてのネイチャーランだ。

ミラー湖でネイチャーラン

紺碧の空には巨大な岩壁がそびえ、マーセドの清流は白砂に揺らめいている。

水しぶきを上げてはしゃぐ少女達の黒髪が、ヨセミテの爽やかな風にとかされて、サラサラとなびいている。

まるでスクリーンの桃源郷が、今現実となって、私の目の前で展開している。

ふと我に返って気がつくと、私の全身もマーセドの飛沫で濡れてしまった。

童心に還ってしまったかの様なひと時が、悠久の大自然の中で、いつまでもいつまでも流れていた。

水しぶきを上げてのアドベンチャーラン

ミズノチームが勢揃い

それにしても、ミズノチーム、皆いい奴ばかりだった。そしてサヨナラはやはり寂しかった。初めは名も知らない人達だった。

一週間のアメリカツアーの中で、共に苦しみ、励まし合い、お互いの肩を叩いて喜び合った。もうおそらく再び会う事もないこの仲間達。

しかしお互いの胸の内には、同じ思い出が脈打っていて、それぞれの人生の心の支えとして、決して消え去る事は無いに違いない。

サンフランシスコヨセミテアドベンチャーランの旅は、もうそれだけでも十分に意義のある旅だったと、今しみじみと思う。

ヨセミテからサンフランシスコに帰るフリーウェイで、ふと空を仰ぐと、私達の夢を乗せてきた飛行機が、丁度サンフランシスコの青い空を、ゆっくりとよぎっていった。

ゆるやかに傾くジェット機の小窓からサンフランシスコの町並みが美しく流れ、振り返った私に、キラキラときらめいていた。

千切れるほどに手を振る私を遮る様に、やがて目の前は、白雲の海に変わった。

ふわふわとたよりない雲の中から、やがて思い出という喜びが込み上げてきて私は穏やかに瞳を閉じた。


（完）

ああ悠久の長江三峡

1993年4月26日　北京天安門

夢にまで見た中国は三峡の旅の始まりである。

午前10時JAL781便で成田を飛び立った。

北京着は13時15分。入国手続きも思いの他スムーズであった。

中国の首都北京は、河北省のほぼ中央に位置し、総面積は日本の四国全土に相当する。

明、清の時代を経て、北京は皇帝の王宮を中心に大繁栄した。

まさに栄枯盛衰を極めた王宮は、今は民衆に解放されて、「故宮」となった。

その南門の「天安門」の壇上にて、あの毛沢東が中華人民共和国の成立を高らかに宣言した。

1949年10月1日の事である。

長江三峡下り

その故宮に勇躍乗り込んだ私達であったが、時計がすでに閉宮時間を回り、誠に残念ながら入場できなかった。

さりながら、天安門には立てるという事で、気持ちを立て直して乗り込んだ天安門はまさに大中国を象徴するにふさわしい、荘厳な大建築であった。

天安門は１４１７年に建築され、当時は承天門と呼ばれていたが、戦火で消失し、現在の門が再建されたのは１６５１年。

天安門はその時に名付けられたという。

門というより、それ自体がまるで宮殿そのものである。

2重の巨大な屋根が赤く輝き、基壇にはいくつもの通路が走っている。

もちろん、皇帝は中央の通路を出入りしたに相違ない。

建物内部は撮影禁止。ちゃんと見張り番が、さりげなく且つ鋭く監視していて、盗み撮りもできない。

しかしながら、天安門広場を望むテラスからは、撮影OKという事で、そこは抜け目無く全員集合の記念撮影。

天安門広場に観光客が上れる様になったのは、1988年なので、わずか5年前でしかない。

あの毛沢東が共和国の成立を宣言した同じ壇上に、今私も立っている。

毛沢東がその時に目にしたであろう、天安門広場の広大な光景が、私の目の前に

北京・天安門

広がっている。

総面積44万平方メートル。何と50万人もの人民を収容できる大広場である。

44年前の天安門広場は、熱狂的な中国人民に埋め尽くされた事だろう。

目を閉じるとその情景が思い起こされる様であった。

天安門の中央には毛沢東の巨大な肖像が掲げられ、その左右には「中華人民共和国万歳」「世界人民大団結万歳」と大きな文字が踊っている。

まさに巨大中国を象徴する光景だ。

天安門の前には、5つの白い橋が架かっている。金水橋と呼ばれる大理石の橋で、細かい彫刻がすばらしい美しい橋だ。

その橋を渡って降りた天安門広場には、「44年前のあの日」を彷彿させるが如く、多くの人民が集っていた。

広場には木々はもちろん、電柱1本もない。ひたすらに巨大な空間が無限に広がっている。

行けども、歩けども何一つ変わらない空間がその巨大さを実感させる。

その巨大な空間の中で、人々が凧揚げに興じ、多くの家族連れでにぎわっていた。

4月27日　万里の長城から重慶

午前7時40分に北京の宿舎の西苑飯店（中国ではホテルを飯店という）をマイク

ロバスで出発。

北京から1時間ほどの郊外にある万里の長城をめざした。

万里の長城は、全長6000㎞。

東は渤海の山海関から西は甘粛省の嘉峪関《かよくかん》に至る。まさに長大な人類最大の遺産である。

長城建設は、秦の始皇帝が建設したものとされるが、すでにそれ以前に、春秋・戦国の時代に、各地の大国が国境として築いていたものをつなぎ補強した、古代中国の軍事用の防護壁である。

しかし、甘粛省から朝鮮まで続く大長城は始皇帝自身が新しく築いた部分であり、そのスケールの大きさは、匈奴《きょうど》防衛のため、始皇帝が燃やした執念の凄まじさの現れとしても実感できる。

その後、漢の武帝が蘭州の北から西域の玉門関にまで長城を延長し、5世紀の北魏、6世紀の北斉の頃に山海関に長城が築かれて、現在の姿になったのは明代になってからだ。

その明代に大改修された地点こそが、我々が今回訪れた長城、八達嶺である。

八達嶺は、その高さが8・5m。幅が基部で6・5m。上部で5・7mもある。まさに長城の要塞にふさわしい偉容を誇る。

駐車場から狭い階段の両側にまで、観光客めあての土産物屋が軒を連ねる。差し出されるお土産の間隙を縫って長城に至ると、これまた観光客用の兵士が2名槍を持って立っている。派手な衣装にきらびやかな甲をかぶっている。ここでも記念写真をゲット。

見渡す限りの山の彼方まで、巨大な蛇がのたうつ様に長城は圧倒的なスケールで延びている。

上部をめざして、ぜいぜい喘ぎながら登る。場所によっては急勾配の階段もある。この巨大な建造物が、小さなレンガを人間が一つ一つ積み上げて築かれたものだというのだから、誠にもって凄まじい限りだ。

まさに中国の底知れないエネルギーに只々圧倒されるばかりであった。

万里の長城・八達嶺

八達嶺を後にすると、17時40分北京発の飛行機で重慶に飛んだ。重慶到着20時15分。

到着後、名物の四川鍋を囲んでの遅い夕食。

蛙の何とか、牛の何とか、蛇の何とかと、下手物類の四川鍋に、みんな閉口してギブアップである。

4月28日　重慶から三峡下り

午前6時45分、宿泊した瀟洒なホテル「揚子江假日飯店」を出発、重慶市内をマイクロバスで走る。

重慶は長江と嘉陵江《かりょうこう》との合流地点にある。

私達が訪れた時は、人口650万人といわれたが、1977年、重慶は四川省から分離し、北京、天津、上海と並ぶ特別市となって、現在は重慶市（中国は日本と違い、県の上に市がある）と呼ばれる。その総人口は1448万人に達するという。

ここは日中戦争の時は、蒋介石が率いる国民党政府の、臨時首都が置かれていた所でもある。

中心街は2つの河川に挟まれた半島状の丘陵上に、幾層もの街並みが積み重なる様にへばり付いている。

その形状からして坂が多く、中国全土に見られる、自転車の姿も少ない。曲がりくねった狭い坂道を、道一杯に人々が歩き、生活し、あらゆる商店が軒を連ねている。

ひしめいている人々と、荷馬車で溢れかえった坂道を、私達のバスは、絶え間なくクラクションを鳴らしながら、猛烈なスピードで、あらゆる物を蹴散らして疾走する。

車内からは思わず「アッ危ない」と悲鳴が上がる。

まるでジェットコースターに乗っている様な雰囲気だ。思わず両腕に力が入り、両足が突っ張り、冷や汗がでる。

さりながら、日常的な出来事なのか、中国人の運転手は平然とクラクションを鳴らし、舌打ちをして、避けない人々を窓から怒鳴りつけながらアクセルを目一杯踏む。

譲り合いの精神や、歩行者優先の精神などはあまり無いに違いない。

まるで親の敵に出会った様に、双方のドライバーが猪突猛進する。

歩行者もしかし手慣れたもので、いくらけたたましいクラクションにどやしつけられても、決して急ぐ事はない。

平然とマイペースで道の真ん中を歩いていく。何事も無い様に振り向く事すらしない。悠然たるものである。

きっと中国の交通戦争は大変なものだろう、と心配する。

さて、重慶からは、いよいよ今回の旅のハイライト、長江三峡下りがスタートする。

長江は、遙かチベット高原の山脈を源とし、広大な大陸を浸食し、またその流域を潤しながら流れ下って、上海で大海に至る。

全長6300㎞の中国最大の大河である。その流域面積は広大な中国全土の実に20％を占める。

そして何より、中国の悠久の歴史と激動の興亡とを、滔々と見続けてきた大河でもある。

乗船場に向かって長い階段を下りていくと、階段の一段一段にリンゴやオレンジなどの果物が籠に山積みとなって、若い女性達が船旅に出る観先客に懸命に売り込んでいる。

私達が乗り込む観光客専用の豪華客船「白帝号」は、船といってもその設備はまさにホテル並で、個室にはシャワー、TVまでついている豪華さだ。

午前8時「ブオワオー」と鈍い音が鳴り響いて、いよいよ2泊3日の三峡下りが

長江三峡・豊都

スタートした。

奉節の白帝城から宜昌の南津関までの193km の大絶景を三峡と呼ぶ。

これはその間でも特にまたハイライトとなる、瞿塘峡《くとうきょう》、巫峡《ふきょう》、西陵峡《せいりょうきょう》の三峡を指しての総称である。

船が出発すると、滔々と流れる長江の両岸に、中国の農村の穏やかな情景がゆるやかに流れ過ぎる。

何処か日本の失われた故郷にも似た情景が次々と展開する。

午後2時、岩肌にへばりつく様に人家が連なっている豊都に着く。

ここは誠に奇妙な町で、死者の霊魂が集まるという不気味な町だ。

マイクロバスに乗り込むと、例によって、ビビビッと警笛を鳴らしっ放しで、大群衆を蹴散らしながら着いた先は、何と「鬼城」である。

見るからに怖い面相の塑像が建ち並び、閻魔大王も震え上がりそうな不気味さをかもし出して、なるほど死者の霊魂がへばり付いてくる。

鬼城の門の前で、お茶を買って飲んでいると、切り出した石を積んだ荷馬車がやってきた。

格好の被写体に、お茶のコップを手頃な石台に置いて写真を撮っていると、突然肩を叩かれた。

振り返ると現地の老人がけたたましく叫んで、コップを指さしている。

どうやらゴミを捨てるなという事らしい。

なるほど、中国では監視の目がなかなかに厳しい。

写真を撮る事も、ゴミを捨てる事も、あれだけの人混みの中でも、ちゃんと監視されているのである。やはり、日本とは違うなと実感した。

夕刻には白帝号に戻ると、なかなかに楽しい船上パーティでの夕食会があった。

部屋に戻って休んでいると、いつの間にか眠ってしまって、気づいたときには白帝号も停船している。

窓越しに外を覗いてみると、薄明かりの中に「万県」の文字が浮かび上がっていた。

4月29日　三峡下り　瞿塘峡、巫峡、小三峡

翌朝目覚めると、すでに白帝号は万県を離れていた。

午前9時、長江の流れの先に高い山並みが見えてきた。

三角錐の右側が大きく欠けた一際高い岩山が、瞿塘峡（8㎞）の入り口だ。

両岸の屏風の様な岸陵が狭まってくると、左手の大絶壁上に白帝城が望まれる。

白帝城は、三国志の劉備玄徳が、失意の内に病死した所だ。


彰武3年（223）。再起を図っていた劉備は、ここで重体に陥り、死の間際に丞相諸葛孔明を呼び出し、後事を彼に託した。

「息子劉禅が補佐に値すると思うのなら、どうか盛りたててもらいたい。しかし、その器量がないと思うのなら、君が取って代わるが良い」

孔明は、涙にむせびながら、

「私はあくまで臣下として忠誠を尽くし、命にかけても劉禅様をお守りしていく所存です」と堅く誓ったという。

もし何なら君があとをとれ、というこの劉備の遺言は儒教という血縁結合を最高の倫理としてきた中国にあってはまことに尋常ではない。

この尋常さえの理解は、こんにち、日本の中小企業や華僑社会の企業においてすら創業の当主が、番頭にこういう遺言をする者はまれだということを考えるだけで十分である。

劉備の人間的魅力はこの遺言に尽きるといっていい。

（司馬遼太郎『中国・蜀と雲南のみち』より）

劉備玄徳は、63歳の波瀾万丈に富んだ生涯をここで終えた。

かくて孔明は、劉備との誓いを守り、決して器量人とはいえない劉禅を助けていくのであるが、孔明の忠臣ぶりでも、つとに有名なのが、魏征討伐の出陣に際し、奉った上奉文「出師の表」であろう。

「先帝、創業いまだ半ばならずして中道に崩そせり。

今、天下三分して、益州疲弊せり、これ誠に危急存亡の秋なり……

……臣、恩を受けて感激に勝えず、今、遠く離るるに当たり、表に臨みて涕零し、

言うところを知らず」

と、まさに声涙共に下り、これを読んで泣かざるものは忠臣に非ず、とさえいわれている天下の大名文である。

朝に辞す　白帝彩雲の間

千里の江陵　一日にして還る

両岸の猿声　啼いて尽きざるに
軽舟、已に過ぐ　万重の山

（明け方早く　朝雲が白帝城にかかる頃舟に乗り
千里もある江陵までの距離を、なんと舟で一日で下ってしまった
両岸の猿の一鳴きの間に、私の舟は、すでに万重の山も過ぎてしまった）

白帝城はまた、唐の時代の詩人・李白が有名な七言絶句を詠っている所でもある。

白帝城を左に望むと、いよいよ瞿塘峡に入る。
両岸の岩壁は長江の水面から垂直に切り立ち、長江の大河を急速に狭めて、圧倒的なスケールで迫ってくる。

瞿塘峡

迫力の瞿塘峡を下る

長江の流れは激流に変わり、渦を巻いて流れている。

流れ下る小舟は波間に大きく浮き沈んでは、木の葉の様に舞っている。

その昔は行き交う船舶に恐れられた、難所中の難所であり、事故も多発していたらしいが、今日では大きな岩石も取り除かれ、安全性を増してきている。しかし、難所である事に変わりはない。

慎重に警笛を鳴らしながら白帝号は下っていく。


ふと気がつくと、北岸の大絶壁の岩盤に、ほぼ等間隔で穴が走っていて、それが延々と続いている。

古桟道跡だ。逆巻く長江の激流に対抗して、蜀の人々はこの穴に丸太を差し込み、板を掛けて道としたのだ。

蜀へゆくことは、古来、

「入蜀」

という。わざわざこの熟語があるのは、行路の難があるために相違ない。

平地の漢民族にとって、蜀へは、行くのではなくよじ登るのである。

前途には千山万岳がかさなり、それらの断崖には道がなく、いわゆる「蜀の桟道」が架けられている。


（司馬遼太郎『中国・蜀と雲南のみち』より）

蜀難道　李白
噫《あ》吁《あ》戯　危《あや》うい哉《かな》　高《たか》い哉《かな》
蜀道の難きこと　青天に上るよりも難し

そして、その古桟道の遙か上方の、大絶壁に見える箱状の窪みは、風箱峡だ。

戦国時代（前403年～221年）の墓だという。

一体どうやってあんな高い所に棺を運び込んだのだろう。

なぜこんな絶壁に、大切な人の亡骸を葬らなければならなかったのだろう。やはり盗掘対策だったのだろうか？

大絶壁に「風箱峡」の大きな文字が書いてある。

その大絶壁をくり抜いて一本の筋が走っている。よく見ると、どうやら道の様だ。

岩壁をうがち貫いた蜀の古道だ。その長さ実に70㎞に及ぶという。

道とはいえ、人間一人がようやく通れる程の高さと幅でしかない。むろん手すりも何もない。

足下はそのまま奈落の底に切れ落ちている。

人間の道とはいえ、人間があんな恐ろしい道を、果たして歩けるものだろうか。作るも作ったりだが、歩くも歩いたり。蜀の人々の、果てしない執念と果敢な勇気に、私は只々恐れ入った。

瞿塘峡に次々と展開する雄大な光景に、時を忘れ、圧倒されていると、やがて舟は巫峡（44km）に入る。巫峡もまた、奇岩巨岩の大岩壁が天を突いて、長江の流れの中にそそり立っている。

巫山　青天を夾み
巴水　流るること茲《かく》の若し
巴水は忽ち尽くすべきも
青天は到る時なし

これもまた、李白の有名な一節である。

（巫山の両岸は険しく突き出て、まるで青天をはさむ様だ
流水はその名の如く曲がり下っている
激流をいくら遡っても、巫峡は空に接するが如くで、到底行けはしない）

この巫峡の入り口、巫山県では、「白帝号」から、一旦小舟に乗り換えての「小三峡ツアー」が幕を開ける。

小三峡は、全長250㎞に及ぶ大寧河に入り、入口の龍門峡から始まり、巴霧峡、滴翠峡の三峡を合わせて「小三峡」と呼ぶ。

断崖絶壁が両岸にそそり立ち、峡谷の幅が狭い分、断崖に生息する野猿も見え隠

小三峡の激流

れして、まさに「両岸の猿声　啼いて尽きざるに　軽舟、已に過ぐ　万重の山」そのものの世界だ。

そして、ここにもまた、岩壁には「古桟道」の穴跡が並び、絶壁の遙か上方には葬った棺が見え隠れしている。

やがて紺碧の清流は逆巻く激流に変わり、我々の乗った軽舟は、焼き玉エンジンの凄まじい悲鳴にもかかわらず一向に進まない。

さて、そうなると若く逞しい船頭達の

小三峡の上流

出番で、太い竹竿を激流に差し込んで全体重を掛けて踏ん張り、力任せに舟を押し上げる。

小舟とはいえ20人ほども乗っているので簡単には進まない。

まさに激流との戦いが続く。乗っているこちらにも思わず力が入ってくる。逆巻く激流が船体に衝突して水しぶきを上げ、私達の体を容赦なく濡らす。まさに死闘の按配だ。

激流を乗り切った舟が、穏やかな流れを遡っていると、昔懐かしい日本の田舎の様な風景が広がってきた。

わずかばかりの平地に少数の集落や畑が点在し、河原では子供達が遊んでいる。

まだ若い女の人が清流に足を浸して洗濯をしている。

真っ黒い大きな牛が大寧河で喉を潤し、羊達の群も丘を駆けている。

遠い昔に見た様な、何処か懐かしい田舎の風景だ。

河原で遊んでいた少年の一人が、私達の舟に何か声を掛け、遡る舟に並ぶ様に河原を走ってきた。

乗客の誰かがその少年に菓子を放ると、それを見ていた残りの少年達も、一斉に後を追って駆けてきた。

あいにく何も食べ物を持っていなかった私は、ただ手を振ってそれに応えた。

やがて舟は目的の双龍鎮に到着、下船。

観光客用の鉄筋コンクリートの迎賓館に入ると、お土産が所狭しと並んでいる。日本語のできる店員もいて、言葉の不自由もない。

「お兄さん、安いよ安いよ」

の声に応じて、さりながら十分に値切って、得をしたつもりで「掛け軸」を買ってしまったが、結局のところ、お土産の値段は都会に近づく程に下がっていった。

小三峡の帰りは、激流に乗ってあっという間に下ったが、船頭の鮮やかな竹竿さばきで怖くはなかった。

往復5時間ほどの小三峡ツアーは実に面白かった。

4月30日　三峡下り　巫峡　西陵峡　宜昌

船下り3日目の朝は、巫峡から始まる。
巫山12峰と呼ばれる峰が両岸に6峰ずつ吃立している。
中でも神女峰は美しく、楚の懐王とのロマンスを伝えるが如く、鮮やかに輝いている。

巫峡・神女峰

三峡最後の西陵峡（76㎞）もまた豪快無比。
激流が渦巻き、飛沫を立てて盛り上がり、小舟やジャンク船が舞っている。
白帝号の甲板の手すりにもたれて私は飽きる事なく、めまぐるしく展開する雄大なパノラマをいつまでも見続けていた。

長江三峡の圧倒的に雄大な景観に別れを告げると、やがて舟は宜昌に到着する。その宜昌の上流、三斗坪では、世界最大のダム「三峡ダム」の基礎工事が、まさに私達が下ったこの年、1993年から始まっていた。

2009年完成予定。高さ185m、長さ実に2000m、貯水量393億m³だという。

黒四ダムの70倍以上というから、想像を絶する巨大さである。

完成すると、ダム建設地点の貯水池の水位は、現在より100m上がるという。27800haの耕地が沈み、水没地域の移住人口は、実に113万人に達するものすごさだ。

中国の工業化推進に必要な、大量の電力を生み出すために、巨大な三峡が犠牲になるのだ。

あの劉備の「白帝城」も「練兵台」も「蜀の桟道穴」も、貴重な古蹟や雄大な景観が、誠に残念ながら水没してしまう。

中国ならではの、そして中国だからこそできる世紀の大事業だといえるだろう。

さて、船はいよいよ宜昌の港に到着し、長江にも別れを告げる。

この宜昌は、日本においては、近代史においてその名を知られる。

１９４０年、日本軍はこの町を占領したのだ。三峡の出入り口を押さえたわけである。

それにしても、上海から長江を航行して３０００㎞である。よくこんな所まで進入したものだ。

私の隣の親父までもが、当時この宜昌に配属になって来ていたらしい。

実は、宜昌には、すでに長江を堰き止めた「葛州覇ダム」がある。悪名高い「文化大革命」終了直後に完成した。

さっそくこれを見学した。さすがに大長江を堰き止めているだけあり、長さ２５６１ｍ。高さ70ｍの偉容を誇る。水門を開閉し、水を出し入れして、船を上下させている。

その宜昌には、三国志の「張飛」が宜昌の大守だったとき、兵士の訓練をしたとされる「擂鼓台」がある。

長江三峡、西陵峡の出口にあり、狭い台上には巨大な石像の張飛像が、眼下の長江と、その下流の荊州方向をにらんで立っている。

長江を吹き抜ける烈風は、１８００年の時を過ぎても、今なお変わる事はない。

宜昌からは、かつての日本軍が急造した飛行場から、夕方に小型機で武漢に飛び立つ予定であったが、待てど暮らせどお呼びがかからない。どうやら天候が悪く、落雷の危険が大きくて飛び立てないらしい。

さて、そうなると困ったもので、明日からの武漢の予定が全部くるってしまう。

やむなく夜中に急遽マイクロバスをチャーターして、武漢に向けて出発した。

宜昌・張飛像

さあ後はバスの中で寝ていれば、明朝には武漢に到着だとホッとしたのもつかの間、急遽仕立てのマイクロバスはオンボロで、この頃は高速道路もできていなかったので、穴ぼこだらけの道路はドッコンバッコンとバウンドの連続で、とても寝られるものではない。

おまけに、車体の隙間から風も入り込み、車内の温度は急激に下がって寒くなってきた。

幸い私は、ジャンパーを着ていたが、日中比較的暖かかったので、半袖の人もいてブルブル震えている。

スーツケースはバス後部の座席に山積みに置いてあるので、中から上着を引っ張り出す事もできない。

寒くなってくると、当然生理現象が起きてくるが、バスはなかなか止まってくれない。

張り裂けそうな膀胱と、襲いかかる寒気と、穴ぼこドッコン衝撃、の三重苦は、さながら地獄の荒行の様であった。

トイレを訴えて止めさせる事も考えたが、しかしバスの運転手は、現地の中国人なので、日本語が多分わからないし、あいにく私達のバスには、今夜は添乗員も乗っていなかった。

耐えに耐え、ひたすらに武漢到着を念じていると、ようやく辛かった長い夜が明けてきて、前方の朝靄の中に粗末なトイレらしきものが、後光の様に浮かび上がった。

「そこで止めて！ トイレ、トイレ！ ストップ！」

と指さして悲鳴を上げると、ようやく気づいた運転手がバスを止めた。

とたんに、全員が脱兎の如くバスを降りて、道路肩一列で、見事な大放水が始まった。

5月1日　武漢　そして上海

武漢は、長江流域の三大都市の一つである。「重慶」「武漢」「南京」は、強烈な暑い夏に襲われる。「3つの火炉（ストーブ）」と称される程である。

漢陽と漢口、武昌の三都市が合わさって、古くから「武漢三鎮」とも称されている。

現在の人口は420万で、長江流域では最大の都市である。

三国時代から、軍事、交通、商業の要衝として栄え、近代に入っては日本の租界も置かれた。

本来であれば、昨夜の内に武漢に入り、宿泊する予定だった晴川飯店で、僅かばかりの休息を取り慌ただしく、東湖の百花餐丁で、湖北省常務副省長の招待の宴に参加。感激を熱くする。

大長江を跨ぎ、漢陽と武昌を繋ぐ長江大橋は、全長1・7㎞に及ぶ。橋梁上部を自動車が走り、その下部を鉄道の大動脈「京広線」(北京〜広州)が走っている。

黄鶴楼

その長江大橋のたもと、蛇山の頂上に、1985年黄鶴楼が再建された。

高さ50m。五重の層を持つ巨大な楼である。

残念ながら鉄筋コンクリートの味気ない建物であるが、その5階まで上ると、周囲の眺望はさすがに見事なものであった。

故人　西のかた黄鶴楼を辞し
煙花三月　揚州に下る
孤帆の遠影　碧空に尽き
唯見る　長江の天際に流るるを

（李白）

黄鶴楼遊覧の後は、南湖飛行場に移動。
18時、上海へ向け出発。
19時、上海到着。今夜の宿舎は銀河賓館だ。

5月2日　上海

上海は、長江下流のデルタ地帯に位置する。

中国の商業、貿易、金融の中心で、中国最大の経済都市である。全人口1200万人。

アヘン戦争（1839年~1842年）後の100年余は、外国勢力の支配下に置かれたが、1949年に解放された。

銀河賓館で、前々夜の地獄の三重苦の疲れをとり、本日は快調である。

昼食はスーツに着替え、上海市人代常務委員会幹部招待宴に臨む（於：錦江飯店）。

15時30分、豫園《よえん》観光。

豫園は明の時代に、四川省の役人であった潘允端が、両親のために造営した庭園である。面積は2万㎡。

園内は大小の楼閣が点在し、おびただしい数の鯉が群をなしている池の間には、石造りの橋が架かっている。

築山や切り立つ怪石、穿たれた洞窟、樹齢400年を超える大銀杏と、いかにも大中国を凝縮した様な庭園だ。

5月3目　上海

今日は、中国の農村の民家の視察だ。

上海郊外は、旗忠村という所の民家、といっても、中国の古い歴史ある村ではなく、いわば新興住宅団地だ。

個人的には、中国古来の民家をこそ、視察したかったのだが仕方がない。まるで、日本そのものの様な、2階建ての、全く同じ間取りの、同じ外観の住宅が並んでいた。

文化センターや、テニスコートまであるが、遊んでいる姿はあまり見かけなかった。幼稚園を訪問すると、可愛い子供達が「ニイハオ」と私達を迎えてくれた。一人っ子政策で、王様の様に育てられている子供達は、これ以上無いほどに着飾っていて、日本の子供達以上に綺麗だった。

村の招待で行われた昼食会も、フルコースの豪華さで、大変おいしいものであった。

上海市内に帰り、夕食会場は「功徳林」という所であったが、広い会場の隣の席では、何と結婚式が行われていた。

上海雑技サーカス

食事の後は、幸せそうにはしゃぐ新郎新婦を写真に納めてきたが、お祝いの席のためか、誰一人そんな我々を気にとめる様子も無かった。

19時、上海雑伎団鑑賞。いわゆるサーカスである。

会場内は写真撮影は自由だが、ビデオの撮影は厳禁である。こんなところが中国には意外に多い。

日本は写真の制限はあっても、ビデオは割とフリーである。中国はそんなところも変わっている。

5月4日　上海～日本帰国

午前中は友誼商店でショッピング。

14時20分、上海発　空路成田へ。

18時05分、成田着。

長かった、そして有意義な長江三峡の旅がこうして無事に終わった。

長江三峡・西陵峡の宜昌市夷陵区の三斗坪では、国家的事業である三峡ダムがその後建設され２００６年夏に完成している。

２００３年から段階的に行われた畜水により、西陵峡、巫峡、瞿塘峡までの範囲で川の水位が上がり、水面は満水時で海抜１７５ｍ。

幅平均1.1㎞、長さ６６０㎞、面積１０４５㎢のダム湖が現在誕生している。

三峡ダムの水位と下流の水位との落差は68ｍ。

ダム上流の三峡や支流の小三峡などでは水位は60ｍ近く上昇し、景勝地や遺跡を水没させ、重慶でも６ｍほど水位が上昇したという。

ダム建設により、水没地の住民１１０万人が移転している。

長江流域一帯の生態系への影響も甚大であったといわれている。

私が旅したダム建設前の長江三峡に比べ、三峡両岸にそびえていた断崖は、その中腹まで水位が上昇し、雄峰は以前に比べ低くなり雄大景観が大きく変わったという。

現在ももちろん長江クルーズは継続されているが、往事の壮大な歴史ロマンを体感できた事は、まさに貴重な体験だったのだと思う。

とはいえ、長江三峡両岸には今も断崖絶壁がそびえ立ち、山水画そのものの世界が雄大に際限なく展開している。

それは、古代中国の歴史や文化的意義も重要で、名詩文に詠われた情景や、三国志の舞台となった遺跡や寺廟は、沿岸の風光明媚な絶景と共に、悠久の古代ロマンは万感胸に迫ってくるに違いない。

（完）

遙かなるシルクロード（絲綢之路）探検記

鳴砂山

『絲綢之路』という、何ともロマンチックな響きとともに中央アジアの荒涼とした大地に展開する歴史とロマンは、今なお悠久の時が流れて、さすらいの旅人達を誘ってはやまない。
その遙かなるシルクロードをついに今回旅する事ができた。

1996年4月30日　北京　ウルムチ（烏魯木斉）

成田を午前10時に出発。空路北京に14

時25分着。

しばしの休憩の後、中国時間18時30分発の飛行機で北京からウルムチに飛んだ。

本来であれば、祁連山脈の大冠雪を眼下に、河西回廊を通り抜け、天山山脈の秀麗ボゴタ峰を見下ろす事ができるのだが、あいにく夜間飛行とあっては手も足も出ない。

新疆航空公司のジェット機は、１２０人乗り程の小さな飛行機で相当に使い込んでいる。

大丈夫かいなと不安の中を22時30分無事に到着。胸をなで下ろす。

ウルムチは闇の中にあり、市街地から17㎞も離れた飛行場なので何も見えない。

迎えのバスに乗り込み闇の中をしばらく行くと、道路の両側のポプラ並木越しに薄明かりが見えてきた。

すでに夜半にもかかわらず、沿道の路上の淡い光の中に、ビリヤードに興じているウルムチの人々の姿が浮かび上がった。

行く先々でその光景が次々に浮かび上がり、どうやら屋外ビリヤードで遊ぶのが、ウルムチの街の流行らしい。


やがて大きな市街地に入り、ウルムチでの宿舎「新疆假日大酒店」に、真夜中の23時30分到着。

ここは米中合弁のホテルでホリデイ・インだ。

20階建ての豪華なホテルで、大きなロビーには噴水が吹き上げ、最上階は、何と回転するレストランだ。

今宵の夕食はその回転レストランに予約済みだ。

時間もすでに0時を過ぎたので、休憩もそこそこに、早速そのレストランに駆けつけてみた。

しかし、やはり食い物は、もう何も無いという。心配した通りだ。

確かに時間は遅くなったが、予約しておいたのも事実だ。

そこを何とかと頼み込んで、僅かばかりの残り物のチャーハンを頂く事ができた。


ウルムチは、中国最大の自治区、新疆ウイグル自治区の区都である。

当時の人口で150万人であった。

中国でも最果ての西域にあり、そのまた秘境に位置するウルムチは、辺境の大地に咲いたオアシスのイメージがあったがなかなかどうして、高層ビル群や、溢れかえる自動車と意外に近代都市の様相だ。

天山山脈の麓に位置し、南はタクラマカン砂漠の西端、カラコルム山脈の東端を経て、旧ソ連領のカザフスタンに至る。

新疆ウイグル自治区の広大な大地は、モンゴル、ソ連、アフガニスタン、パキスタン、インドにまで国境を接している。

その総面積は、160余万㎢。

実に日本の4倍以上であるが、その大部分は不毛の砂漠と山地に占められている。

シルクロード（絲綢之路）は、絹に代表される各種文物が運ばれたユーラシア大陸における古代の交易路である。

西はイタリアのローマから、東は中国の西安まで、大小無数の複雑に交錯した道である。

その中でも、特に主要なルートが「オアシス路」である。オアシス路は西安を起点として、西域で更に3つのルートに分かれる。

「天山北路」「天山南路」「西域南路」である。

シルクロードを通じて、東洋から西洋には、絹織物や陶磁器などが。

西洋から東洋には、ワインや香辛料、宗教などが伝えられたのである。

ウルムチはその「天山北路」の要衝の地であった。

西安から来た道は、敦煌で北に枝分かれし、ハミ、ウルムチ、イーニン、カザフスタンを経てローマに至る。

天山山脈の北を通るルートである。

点在するオアシスを結んで作られたキャラバンルートは、その昔商人達が隊商を組んで、ラクダと共に命を懸けて行き来した遙かなる道である。


新疆には47の民族が住んでいる。

トルコ系のウイグル族が７００万人、カザフ族が12万人、回族が70万人、キルギル族と蒙古族がそれぞれ14万人と、まさに多民族自治区である。

一番多いウイグル族は、色が白く、鼻が高く、彫りが深い。

男性は髭をたくわえ、丸い帽子や、四角形の帽子を被っている。女性は派手なネッカチーフを被り、花柄模様の派手なワンピースを着ている。

「最も戒律の緩いイスラム教徒」といわれるらしい。人前で酒を飲み、煙草を吸い、女性はミニスカートも履くらしいが、しかし残念ながら見かけた事は無かった。もちろん、イスラム教徒に豚肉料理はない。

1996年5月1日　ウルムチ　天地

ウルムチの市街地から、荒野の一本道をバスに揺られて、2時間30分。

山岳地帯に入り、今にも崩れ落ちそうな奇岩群がオーバーハングして路上に迫り

ボゴタ峰が美しい

出している。
急勾配の道路を登り詰めると、やがて眼前に山上の真っ白い平原が現れた。
「天地」だ。

天地は未だ全面凍結

青く澄みきった水を満々と湛えてはいない。
何と湖は真っ白に全面氷結しているではないか。
その氷結した「天地」の湖面上で大勢の観光

客が歓声を上げて戯れている。

早速真似をして氷上に上ろうとしたら、岸の方はもう相当に解けていて、よく見ると氷上のそちこちも、薄くなって水面が透けて見えている。

これはヤバイと思ったが、周りの人々は全く気にもとめる風もない。

氷上で走り回ったり、寝そべっているヤツまでいる。

ままよと、上って歩き回ってみたが、確かに何という事もない。

日本の観光地なら、絶対に「氷上登攀禁止」である。ここでは全ては自己責任なのであろう。


湖から屹立し、万年雪の真っ白な峰を天空に突き上げているのが、天山山塊に位置するボゴタ山脈の最高峰ボゴタ峰（５４４５ｍ）だ。

天地はそのボゴタ山脈の中腹にあり、海抜１９８０ｍの高原に位置する大きな山上の湖なのだ。長さは１９８０ｍ。幅が１５００ｍ。深さは１０５ｍだという。湖の周りは緑濃い針葉樹林が取り巻き、湖岸にはカザフ族の移動式の住居、包（パオ）が建って彩りをそえている。

まさに天国の池だ。その天国の池に来られた幸せ、そしてその湖面上に今私は立っている。

……おそらくもう2度とできない貴重な体験であろう。氷上を吹き渡る風までが尊いものに思えてならなかった。

山から下ると、2時50分に遅い昼食を摂り、再びウルムチをめざす。

ウルムチの市街地に入ると、道路は非常に混んでいて、車は渋滞している。

我々を乗せたマイクロバスは、実はパトカーが先導しているのだ。

パトカーは回転灯とサイレンを使って、渋滞を強引に切り裂いて、全く止まらな

新疆自治区博物館

いで突き進む。

16時30分、ホテル着。

１９９６年５月２日　ウルムチ～トルファン（吐魯番）

9時30分、ホテル出発。新疆自治区博物館を見学する。

博物館は石造りの豪華な建物で、建物正面に6本の大きな円柱が並び、その屋根は丸い緑のドームで、イスラム教寺院のモスクの様だ。

１９５６年に建てられたもので、新疆で出土された石器、織物、古文書などが展示されている。

薄暗い館内は、不気味さを漂わせているが、それも道理で、なるほど奥の部屋には何体ものミイラが横たわっている。

土気色の帽子を被ったミイラや、夫婦のミイラ、何と赤ちゃんミイラまである。

遥か紀元前、５０００年のシルクロードの栄枯盛衰を見届けてきた原人が、今まさに蘇って静かに語りかけている。

11時45分、解放路の南門から二道橋商店にかけては、ウイグル族のバザールが広がっている。

シシカバブー（羊肉の串焼）を焼く煙と、香辛料の強烈な匂いが漂っている。

ナイフや帽子、衣装、ブーツ、あらゆる野菜、果物などが並べられている。牛のむき身の大きな胴体も、そのままぶら下がっている。

場内は旺盛な熱気が溢れむせかえっている。見ているだけで圧倒される。


12時30分、絨毯工場兼ショッピングセンターを見学。

少数民族の若い女性達が、新疆特産の絨毯を織り上げている。

シルクで織り上げた高級絨毯が、昨日見てきたばかりの「天地」の絵柄になっていて、私達に盛んに誘いをかけている。


15時、ウルムチを離れ、マイクロバスに乗って、いよいよ190km先の砂漠のオアシス都市、トルファンをめざす。

市街地を通り抜ける舗装道路は傷みが激しく、デコボコ道となって凄まじい。

工事中の現場ではローラー車までがひっくり返って大騒ぎだ。

前方のトラックは、道路を右に左にと、まるで酔っぱらいの様にヨタヨタと走っている。

荷台にうず高く積んだ荷物が、荷崩れを起こして片寄っている。バランスが狂って安定しないのだ。

日本人なら、車を止めて、荷崩れを直すところだが、そこは大陸の民である。全く止まる気配はなく、ヨタヨタ、ヨロヨロと、転倒するまでは絶対に妥協しない。委細かまわず、我が道を行くのだ。

道路はやがて一望千里の砂漠地帯に入る。

石ころと砂礫だらけの「ゴビ灘」とよばれる不毛の大平原が、地平線の彼方まで広がっている。

その荒野の所々には、タマリスクと呼ばれる小灌木が生えて、かろうじて命をつ

何処までも続くゴビ灘の道

ないでいる。

何処までも続く荒野の果てに、やがて帯状の白い湖の様なものが目に映ってきた。

中国最大の塩湖だという。

ゴビ灘の熱砂は地中の水分を奪い取り、蒸発させ、その水分に混じっていた塩分が地上に浮き上がって、広大な塩湖を形成しているのだ。

ゴビ灘の砂漠は際限なく続き、何処まで走っても変わらぬ風景の中に、突然大きな竹とんぼが現れた。

等間隔で無数に並んでいる竹とんぼは、やがてその姿をくっきりと現した。何と風力発電用の風車だ。

大きなプロペラが、遮るものの無い砂漠の烈風を受けて、グルングルンと回っている。

なるほど、トルファンは「風庫」とも呼ばれるほどの風の通り道だ。

とりわけ春から夏にかけては、ハリケーンにも似た、強烈な烈風が、砂塵を巻き上げて荒れ狂うという。

その時の風車の狂喜乱舞を思うと、さぞかし見事なものとなるに違いない。ぜひ見てみたいものだ。

トルファンは、新疆ウイグル自治区の三大盆地の一つ、トルファン盆地の中央にあり、世界の中で海から一番遠くにある盆地だ。

南北60㎞、東西１２０㎞もある巨大な盆地だ。海抜は何とマイナス１５４ｍだという。

こうした地理的条件が、典型的な内陸気候となって、酷暑と乾燥の大地を生み出している。

トルファンをして「火州」と呼ばせる灼熱の大地だ。

夏は40℃を超える日が40日間も続き、1975年には49・6℃を記録したというから凄まじい。

一方冬の厳しさも相当なもので、気温は零下10℃まで下がるという。

年間降雨量はたったの15~30mlに過ぎないというから、雨はまず降らないといっていい。

その「火州」に向かう我々には、バスに乗車と同時に、3本のミネラルウォーターのペットボトルが配給となっていた。

暇さえあれば、口に運んで飲めというわけである。

暑さ対策の脱水予防である。実際非常に喉が乾く。ペットボトルが有難い。

この地にあっては、いくら暑くても決して人は半袖を着ないらしい。

「必ず長袖を着てください」とガイドがいう。

「肌を空気にさらすと、体内から水分がみるみる蒸発して、たちまち干からびてしまう」かららしい。

なるほど、いくら熱くても汗ばむ事がない。

あまりにも乾燥しているので、汗は濡れる間もなくあっという間に蒸発してしまうのだ。

道理で、3日くらい風呂に入らなくても平気だし、汗が出ないので衣類が汚れる事もない。

考えてみると、それってとっても便利！

着っぱなしで何日臭わないか挑戦してみたかったが、さすがにその勇気は無かった。

ゴビ灘の砂漠を貫いて、蘭州と新疆を結ぶ鉄道が走っている。蘭新線だ。中国大陸大横断の列車が、50両程もあろうか、延々と連結されて、巨大な蛇の様に、砂漠の中をのたうって進んでいる。

ゴビ灘の砂漠の、遙か地平線の前方に、今度は大きな湖が出現した。満々の水を湛えた青い湖がゆらゆらと横たわっている。

しかし、あれこそが、砂漠の旅人を喜ばせ、その上で地獄に落としめた、かの有名な「蜃気楼」だという。

なるほど間違えるのもむべなるかな、全く湖そのものだ。

進めども近寄らず、迫っては忽然と消え去ってしまう、幻の蜃気楼だ。

やがてバスは、ゴビ灘の中で止まった。休憩だ。

バスを降りると、ゴビ灘の砂漠を吹き抜ける風はさすがに烈風で、風上に立たないと、返りションベンを浴びてしまうのだ。

慎重に計算して、ジッパーを下げる。

しかし烈風は、小便をも大地に届かせまじと荒れ狂い、稀少の水は、まさに砂漠の空中に飛散する。

……砂漠での連れションは非常に危険極まりないと、実に貴重な教訓を得た。

もちろん、ティッシュを使う事などは、言語道断である。砂漠に花吹雪が舞ってしまうのだ。

さしものゴビ灘も、やがて尽き果てると、道は峠にかかり、両岸の迫った峡谷に入っていった。

峡谷を流れる渓流は、白楊溝だ。

その河縁には白柳が生え繁っているが、もとより植生は稀少で、荒れ果てた大地は崩壊し、落石が激しく、いかにも脆弱だ。

ここに大雨が降ったらどうなってしまうのだろう、と余計な心配をする。

しかし幸い（というか？）雨はほとんど降らないのだ。


峡谷の峠を越えると、またしても広がる遙かなるゴビ灘の砂漠。

延々と何処までも続くゴビ灘の砂漠。

小高くなった丘のそちこちには、唐時代の狼煙台の遺跡が見える。

しかし興亡の歴史を物語るかの様に、朽ち果てている。

トルファンに向かうゴビ灘の一本道は、地平線の遙かまで永遠に延びている。

行き交うトラックや砂塵にまみれたバスの屋根にまで、荷物はこれでもかと積み上げられている。

荒野の一本道を走る車はさすがに少ない。

少ないが為に、車はいつも道路の中央を走る。

もちろん前方から突進してくる車も中央を走ってくる。

「危ない！」と肝を冷やしたその刹那に、急ハンドルを切って左右に道を分ける。

こちらは冷や汗ものだが、運転手はそれがシルクロードの走り方なのか、眉一つも動かさない。

まるで仏様の様だ。

その仏様の表情が変わるのは、前方の遅い車に迫ったときだ。

遅い車は、当然に道路中央を走って決して譲らない。

クラクションをガンガン鳴らしても、頑として譲らない。

焦れた仏様は、クラクションを鳴らしっぱなしにしながら歯を剥き出して、悪態をつくのだ。

「この糞ったれ野郎め！」（といってるのかどうかはわからないけど？）

その一本の車道に沿う様に、30m程の一定間隔で、ゴビ灘の土砂が、お椀を被せた様に盛られている。

そんな奇妙な盛り土の上で、何やら作業をしている人もいる。はて何であろうと思っていると、あれこそがトルファン名物の「カレーズ（坎児井）」だという。雨の降らない、灼熱のトルファン盆地を支えている命の綱が、実はこのカレーズなのだ。

ゴビ灘の砂漠の遙かな向こうにそびえる、天山山脈の雪解水を、このカレーズこそが引いているのだ。

天山の麓から、気が遠くなるほどの数の縦穴を掘り、それをまた横につないで、壮大無比な地下灌漑水路ができ上がっているのだ。

灼熱の砂漠の上に、溝を掘って流した水路では、水はあっという間に蒸発してしまうが、大深度の地下に掘られた水道ならば、さしもの熱砂も追いかけてはこない。

砂漠の地下深く穿たれたカレーズの中には、天山山脈の雪解水が流れている

古代の人々が莫大な労力と、多大な命を捧げて創り上げた、まさに想像を絶する大事業なのだ。

一般的には、11世紀頃から造られてきたといわれるが、その時期は定かではないらしい。

もろい砂漠の大地に穿たれたカレーズは、しかしながら崩れやすく、今なお、絶えず人の手で補修しなければならないのだという。

辺境の厳しい大自然に立ち向かい、これ程までの大事業を成している西域の人々の生命力に、私は驚き、呆然とゴビ灘のお椀の連なりを眺めていた。


ゴビ灘の砂漠の向こうに、やがて緑のオアシスが浮かび、目的のトルファンの市街がようやく見えてきた。

市街地に入ると、ポプラや砂ナツメが緑なす並木となって、茶褐色の荒野を彷徨ってきた目に優しく飛び込んでくる。

賑やかな中心街に入ると、幅10m程の道の両側から葡萄の棚が延びて、すっぽりと道路を覆い包んでいる。

見事な葡萄棚の下を、車が通り、ロバが引く荷車が通り、あでやかな民族衣装に

トルファン市街

身を包んだ若い娘達が軽やかに歩いている。

まさに緑豊かなオアシスの街だ。ポプラの並木路が、まるで碁盤の目の様に市街を区切っている。

トルファンは、天山南路の要衝として、西域に進出した漢民族と遊牧民とが、悠久の興亡を繰り返し、11世紀には、王国まで築かれた歴史をもっている。

トルファン県の人口は50万人。内7割を、ウイグル人が占めている。

トルファンのホテルには、19時に到着。

20時からは、なんと豚の丸焼きを囲んでの夕食だ。

丸々と太った豚が、そのままの姿で串刺しになって焼かれている光景は……ムムなぜかさすがに落ち着かないのだ。

夕食を終えると20時15分。トルファンの夜はまだ暗くならない。


21時夜のトルファンの市内探検に繰り出す。

ウルムチ市内と同様に、薄明かりの路上では、何処もかしこもビリヤードに興じている。

一際明るい灯りの揺らめきに引きつけられて、着いた所は、まるで日本の屋外の夏祭り会場の様な按配だ。

大勢の人々が集い、雑多な夜店が大繁盛している。

シシカバブーやナンが焼かれ、スープや麵が湯気を立てている。

怪しげな骨董品屋が盛んに声をかけてくる。


夜店を離れると、やがて「高昌公園」に辿り着く。園内の噴水が七色に光って美しい。


若い男女が大勢おしゃべりをしながら、夜の公園を楽しんでいる。

時計の針が23時を回っても、トルファンの人々は一向に眠る気配がない。

私達も、何だか眠るのが惜しくなって、ホテルの近くの葡萄棚の下の夜店で、ビールやワインを注文した。

乾燥した喉に、冷えていなくても、飲み物は例え様もなくうまい。

トルファンの夜の風も、半袖姿の私達に、とても心地良く感じられて、オアシスの夜はいつまでたっても更ける事がなかった。

トルファンの夜のくつろぎ

1996年5月3日　トルファン
ベゼクリク千仏洞　アスターナ古墳
交河故城

昨夜ついつい夜更かしをしてしまったので、朝が辛いかと思ったら、意外に早く起きてしまった。

午前7時30分だというのに、気温はすでに30℃に達している。

ホテル前の葡萄棚の通りに出てみると、登校途中か、女の子達が10人ほど歩いてきた。
格好の被写体とカメラを向けると、歓声を上げて笑いながら逃げ去ってしまった。
どうもカメラが嫌いらしい。
葡萄棚の下を、小さなロバの荷馬車が何台も通っていった。
荷台にはウイグル人が沢山乗っている。
トルファンでは、このロバ車が、人々のバスであり、タクシーであるのだ。
ホテルの前で、カメラを構えている私の前に、一台のオートバイが止まった。
ウイグル人の青年だ。
「10元で、観光用でない、現地の本当のバザールに行かないか？」
と流暢な日本語でいう。
さて、どうしたものであろう。
本物のバザールに触れる格好のチャンスではあるが、しかし私一人で訳の分からない所に連れていかれるのも心細い。

「日本人西域の果てで、身ぐるみはがされて、殺される！」などと、活字まで頭を駆けめぐったが結局誘惑には勝てない。

青年のオートバイの後ろに跨ると、ビューンと熱風を切り裂いて、バイクはトルファンの市街を疾走して、賑やかなバザールの直中に乗り付けた。

なるほどウイグル、カザフ、回族、キルギル、蒙古、かどうかは定かでないが、多様な民族が大勢集まって、熱気に溢れている。

人参などの野菜や果物や香辛料や、あらゆる物が荷馬車一杯に積み上げられ、取引されている。まさに異国そのものの光景だ。

くらくらするほどの熱気に圧倒されて、思わず写真を撮るのも忘れて見とれていたが、ふと気がつくと、見知った顔は、だーれも居ない。

砂漠の民の群衆の直中に、たった一人というのも、やはり心細い。

そそくさと写真を撮ると、またオートバイの後ろに跨った。

危惧する程の事もなく、やがてオートバイはホテルに到着。

たったそれだけの事であるが、何か一仕事を終えた様な気分だった。

ベゼクリク千仏洞

朝食を終えると、荷物はホテルに置き、ベゼクリク千仏洞に向かう。

トルファン市の東方約50㎞程離れた火焔山の山懐に、ベゼクリク千仏洞はある。

火焔山は、長さ100㎞に渡って連なり、最高峰は851ｍに過ぎないが、強烈な日光を受けて、灼熱の炎に包まれた様に赤く焼けてゆらめいている。

西遊記の中で、玄奘三蔵のお供をしていた孫悟空が、この火焔山の炎を芭蕉扇で消した話は有名だ。

玄奘三蔵（602年～664年）は、中国から中央アジアのこの砂漠地帯を通って、遙かインドまでの大冒険の果てに、おびただしい経典や仏舎利を持ち帰って、かの「般若心経」を訳したのである。

その玄奘三蔵法師の大冒険を表したのが「西遊記」であり、孫悟空の大活躍共に、今なお、親しまれ、愛読されているのである。

玄奘三蔵が長安を出発したのは、629年8月、27歳の時であった。

「上に飛鳥無く、下に走獣無く、夏に水草無し」といわれる死の砂漠を彷徨ったあげく玄奘はようやくトルファンの高昌国に辿り着いた。

高昌国は西域の大国で、国王は玄奘の深い教養と高潔さに感激して、ぜひ高昌国に留まって政治を助ける様懇願したのであるが、もとより玄奘の目的は、遙かなインドでの仏法研鑽と仏典収集にあるので、承諾できない。

玄奘の固い決意の前に、ついに国王もあきらめ、インドからの帰路にこそは滞在してもらうとの約束で、兄弟の契りを結び、国王は玄奘のために、莫大な旅行費用や、30頭の馬、25名の随員まで用意したという。

高昌国を出た玄奘は、西域北道を通り、寒風凄まじい天山の峠越えでは、随員と馬の半数が凍死するという、まさに死線の縁を彷徨い、タシュケントやサマルカンドを通過し、バーミヤンの大石仏から、北インド、中インドに出て、艱難辛苦の末に、ついに目的のインドはマガダ国のナーランダ寺院に到着したのである。

長安を出発して、実に3年を要したという。

ナーランダ寺院は、当時のインド最大の仏教寺院であり、大乗仏教の最高学府であった。

玄奘はここで大乗仏教学を熱心に学び、5年の研鑽の後、更にインド全土を巡歴して研鑽を重ね、ついに大乗仏教の最高学府においても、大学者として名声を勝ち得たのである。

やがて玄奘は帰国の途に着き、高昌国王との約束を果たすべく、北方の陸路を急いだが、しかし、栄枯盛衰、高昌国は640年、唐の太宗の軍隊により滅亡されて、すでに砂漠の遺跡と化していたのである。

やむなく玄奘は、進路を西域南道のホータンにとり、ニヤ、ロプノールの砂漠の試練を生き抜いて、ついに長安に帰還したのは645年であった。

実に18年間を要する、まさに大冒険旅行であった。

以後玄奘はその生涯を訳経に捧げ、664年2月、63歳で眠るが如く息を引き取った。

ときの皇帝は、「朕は国宝を失った」と泣き崩れ、百余万の人々がその葬列を見送ったという。

玄奘が翻訳し残した経典は、総計74部、1338巻に及んだ。

今なお日本においても、広く唱えられて止まない「般若心経」は、この玄奘三蔵の最後の大事業であった。

この玄奘三蔵が立ち寄った高昌故城は、私も、何としても立ち寄りたいと願っていたが、丁度修復の時期と重なり、残念ながら見学する事は叶わなかった。

高昌故城の城跡は、ほぼ正方形で、外周4・5㎞。城壁の高さは10ｍ。11の門があり、当時の栄華を今に伝えているという。

熱砂に焼かれる火焔山

さて、ベゼクリク千仏洞であるが、トルファン市街を抜け、やがて、火焔山のムルツウク川の峡谷に入り、断崖の路を10㎞程遡ると、火焔山の荒れ果てた山肌が曲折した深いシワを刻んでいる。

火焔山の赤い山肌は、熱砂に炙られて、陽炎の中にゆらめき、まさに火焔山という名称そのものの様相だ。

ベゼクリク千仏洞は、ムルツウク川にのぞむ断崖そのものに、6世紀末～14世紀に

火焔山の山肌には深いシワが刻まれている

かけて開削された石窟寺院である。
ベゼクリクとは、「美しく装飾された家」という意味らしいが、残念ながら、今はすでにその面影はない。
総計57の華麗な壁画は、何とも無惨に剥ぎ取られて、残った僅かな壁画も、甚だしく損傷しているのである。
偶像否定のイスラム教は、塑像は跡形も無く破壊し、異教の眼光は祟りがあるとの俗信をもって、全ての窟の壁画の仏像の目を跡形も無く抉り取ってしまったのである。

そして、かろうじて残っていた壁画も、近代において、跡形も無く盗掘されてしまったという。

1902年~1906年にかけては、ドイツの、ル・コック隊と、バルトウス隊。イギリスのオーレル・スタインや日本の大谷探検隊も何片か持ち去ったという。探検家が傷つけたナイフの線が、クッキリと刻み込まれて誠に痛々しい限りだ。

ベゼクリク千仏洞は、無惨な姿となって、その受難の歴史を今世に伝えているのである。

昔は、写真も自由に撮れたというが、残念ながら今は、全く写真すら撮る事ができない。

ベゼクリク千仏洞の断崖の下は、ムルツウク川が流れ、その河床は緑濃いオアシスとなって草木が生い繁っている。

火焔山の天をも焦がす灼熱の山肌とは、まさに別世界の趣を成している。
その別世界同士が、今同じ視野の中に混在してゆらめいている。
不思議な感傷に浸っていると、聞き覚えのある

ベゼクリク千仏洞

ベゼクリク千仏洞河床のオアシス

言葉が耳に入った。

「日本語だ」

見ると、日本人の初老の男女が15人程の団体でやってきた。

定年退職をした同級生達で、「シルクロード」の観光旅行だという。

なるほど、それもいいな。

60歳を過ぎた頃、あんな形で、またここを訪れられたら、最高だろうな、とふとそう思った。

アスターナ古墳

ベゼクリク千仏洞の次はアスターナ古墳であるが、ここは広大な地下墳墓群だ。

アスターナとはウイグル語で「憩う」や、「眠る」という意味である。

ゴビ灘の砂漠の様に、何も無い大地の中に入っていく。幅1・5m程の墓道が緩やかに地下に下って延びている。まるで地下壕の様だ。木製の扉を入ると、高さ3m程の暗い3畳の広さの墓室に、棺が安置され、遺体がミイラになって横たわっている。

アスターナ古墳

壁の一面に壁画が描かれているが、故人を偲んで描かれたものだという。

ここに埋葬されているのは、高昌王国の時代の貴族や豪商。

しかしなぜか一般市民までもが埋葬されているのもある

らしい。

このミイラ達は、あの玄奘三蔵を、もしかすると、その目で見ているのかもしれないのだ。

額敏塔（蘇公塔）

アスターナ古墳からトルファン市内に戻り、昼食の後は、バザールの見学である。

イスラエル風の建物の中に、極彩色の布製品や衣類がびっしりと並んでいる。

可愛い女の子が3人姉妹で店番をしている。

何処か日本人に似た顔立ちだ。3人並んでもらって記念写真を撮ってきた。

何も買わないのも悪いし、さればといって何を買ったら良いのかも分からないしで、お礼に日本の千円札を握らせてきた。

トルファンの三姉妹

バザールのナンを作っている店で、カメラのシャッターを押したら、太った店の旦那が突然大声でわめいてきた。怒りの形相で何やら私に怒鳴りかけてくる。

「勝手にカメラを向けやがって」

と怒っているのだろう。気の短い奴は何処の国にもいるものだ。

大声を聞いて、通訳が慌てて飛んできて、旦那に何やら話しかけるが、旦那は聞く耳を持たず、更に目を剥いて向かってくる。

さて困ったと思っていると、話の分からぬ強情親父にじれた通訳が何やら大声で一喝した。

とたんに旦那はシュンとなって、たちまち身を縮めてしまったから不思議だ。

はてさて通訳は何といって一喝したのだろう。

余りにも見事な急変ぶりに、こちらも呆気にとられて、つい聞くタイミングを逃してしまった。


バザールを十分に楽しんでバスに戻ると、何とあの3姉妹がバスの前で待っている。お母さんらしき女性が何事かいいながら、私に千円札を返そうとする。千円もの大金を、いきなり娘達が持ってきたので、何事かとお母さんは驚いたに違いない。返そうと思って、私を捜してきたらしい。

「その千円は3人で分けて良いんだよ」とガイドに通訳してもらうと、お母さんは納得して、笑顔を見せた。
バスで立ち去る私を、3姉妹はいつまでも手を振って見送ってくれた。考えてみれば、やはり千円はお礼にしては大きかったに相違ない。だからといって、ここでは日本の硬貨は通用しないのだ。

バザールを出たバスは、やがて、ぶどう畑の中にある額敏塔に到着。高さ45ｍ、底部の直径17ｍの日干しレンガ造りの大きな塔だ。入り口で、カメラはＯＫだがビデオの持ち込みはダメだという。中国ではこれが多い。なぜカメラが良くてビデオはダメなのであろう。その理由が理解できない。やむなくビデオは車中に置いて下車。

トルファン・額敏塔

額敏塔は、1779年にトルファンの郡主蘇来曼が完成させたものである。円筒状ミナレットで有名なモスクで、礼拝堂の広い床には絨毯が敷き詰められている。

礼拝堂の真ん中は屋根が無く、そこから幾何学模様を全面に施した塔が中空を突き刺してそびえているのが望まれる。

その額敏塔を頭上にいただきながら、教徒はアラーの神に礼拝し祈りを捧げるのだろう。

残念ながら、その額敏塔そのものには、我々は上る事はできないという。

驚いた事に、ここで私達は、一人の日本の若い女性と遭遇した。
聞けばたった一人での旅だという。
よくもまあ、この辺境の西域に、うら若き女性一人で歩けるものだと感心したが、
それを日本女性の逞しさとみるか、はたまた無謀と解釈するか。

交河故城

交河故城は、トルファンの市街地から西へ10㎞。

荒涼たる大地の中に、30ｍの高さでそびえ立つ断崖台地をくり抜いて建設された城跡だ。

遠く離れた空中から見下ろすと、まるで巨大な軍艦の様である。長さ１６００ｍ。

幅３３０ｍの台地である。ここは漢の時代に築かれた都城で、計画的に配置建設された都市そのものなのである。

その北部は寺院区、その中央は官庁街、その南部は一般住宅地と、区画されていたらしい。

その建物は、すべて硬い台地をくり抜いて造られ、その上を補足的に、日干しレンガを使って建設されていたという。

しかし、当時の栄華を今に伝える建造物は残念ながら無く、熱砂と烈風の風化にまかせるままに、城内は荒れ果てたままである。

現在往時の栄華を偲ばせているのは、くり抜いた台地に残された日干しレンガの仏塔や無数の寺院跡、住居跡である。

巨大な土壁の部屋は、もちろん屋根が崩壊し、煙突の跡やかまどの跡も見える。

この住居の一室の何処かで、あの玄奘三蔵も一時生活をしていたに相違ない。

南部の住居跡は、黄土の台地を、そのまま掘り込んで造られたものだ。

交河故城

交河故城住居跡

こうした、台地に彫刻して造られた巨大都市は、世界中の古代史遺跡にも類例を見ないという。

台地に深く口を開けているのは井戸の跡だ。

もちろん水の香りもない。昔は水を湛えて、人々を潤していたのだろうが、信じられない思いだ。

中央に、7m程もあろうか、一段と深く掘りこまれた広場がある。罪人を収容した監獄跡だという。

トンネル状になった地下の通路は意外に広く、その先は行き止まりで、上空斜めに天窓が掘られている。

茫洋と広がる、荒れ果てた故城を歩いていくと、台地が途切れて断崖の上に出た。

眼下には河が流れ、トルファンの葡萄畑が緑濃く、何処までも広がっていた。

栄華を極めた交河故城も、唐の時代には高昌国が興り、政治の中心はやがて高昌城に移ったが、軍事的拠点として、安西都護府が置かれ、交河故城は、かろうじて命脈を保ったという。

トルファンの駅は、折しも工事中で、駅舎に入る事ができず、さりとて23時を回った夜半の駅は、砂塵を巻き上げた烈風が吹き荒れて、目も開けていられない。やむをえずバス車中で、蘭新線に夜行列車が入ってくるのを待つ事にする。

柳園に向けた特別快速列車の出発は、23時50分だ。
夜行列車は一室に4名が定員で、2段ベッドが向かい合わせになっている。
一等寝台の軟臥車だ。
すでに時計は日付が変わり、早々に寝る事にする。

割合に清潔な室内で、夜行列車の騒音も意外に苦にならずに眠る事ができた。

１９９６年５月４日　陽関　敦煌

目が覚めると、列車は、見渡す限りのゴビ灘の砂漠のただ中をばく進していた。

行けども進めども荒涼とした景色は変わる事が無く、この、荒れ果てた砂漠の大地の広大さに改めて驚嘆を覚えた。

そしてその驚嘆の大地を、自らの足のみで征服した先人達の強固な精神を思うと、ひたすらに驚愕する他はない。


列車での朝食は、食堂車で摂る。

清潔な食堂車は明るくて快適だ。観光客専用なのか、一般中国人は居ない。

列車はやがて、柳園駅にすべり込んだ。

柳園からは、バスに乗り換え、ここから１２０㎞、相変わらずのゴビ灘の荒野を切り裂いて、およそ3時間30分で敦煌に着く。


砂漠のオアシス都市「敦煌」は、「敦煌莫高窟」を中心に、歴史の波に翻弄されながら、華麗な仏教文化を育んできた世界有数の仏教芸術の宝庫である。

砂漠と砂丘に囲まれ、崑崙山脈の東の支脈の麓にある敦煌は、田園都市でもある。

郊外はもとより、街の中にも畑が多く、沿道のポプラ並木が美しい。

何処か日本の地方都市の様な風情だ。

敦煌は、古くは沙州と呼ばれている。

紀元前2世紀の末に、漢の武帝が、北方騎馬民族、宿敵「匈奴」を破り、河西回廊を平定し、敦煌郡を置いた。

以来敦煌はシルクロードの要衝として繁栄した。
敦煌市内で昼食を摂り、最初に向かったのが陽関である。

陽関

陽関は、敦煌市の南西70㎞の距離にある関所である。
河西回廊の守護のために、漢の武帝は2つの関所を築いた。
玉門関と、この陽関である。
共に西域の重要な関門で、玉門関は西域北道、陽関は西域南道の起点をなしている。
砂漠の中を突き進むと、遠く小高い砂丘の上に、烽火台の跡が見えてきた。
陽関の遺跡は、今はもちろん砦はなく、広大な砂の海の中に、烽火台の跡だけを

敦煌・陽関

残している。

烽火台跡の近くには、観光客目当ての駱駝が5頭程と、引き手の現地人がたむろしていて、駱駝に乗ってくれと盛んに誘いをかけてくる。

陽関の遺跡の砂丘から見下ろすと、赤茶けた砂の海が何処までも、果てしなく広がっている。

渭城の朝雨、軽塵を潤し
客舎青青として、柳色新たなり
君に勧む　更に尽くせ一杯の酒

陽関の砂丘

西のかた陽関を出づれば　故人なからん

唐の詩人「王維」が詠んだ、哀愁と別離が胸に迫る名句である。

思わず口ずさみながら広大な砂漠を見下ろしていると、なぜか胸にこみ上げてくるものがある。

「……君に勧む　更に尽くせ一杯の酒
西のかた陽関を出づれば　故人なからん……」

そう詠いながら、この陽漠の関から大砂漠に向かったただろう旅人の心情を思うと、まさに万感胸に迫って、祈る言葉もない。

故人のないという西のかたには、確かに、ただひたすらな砂の海と、悲しくゆらめく蜃気楼の湖が広がっているだけである。

陽関の烽火台の跡から、その砂の海を望む正面には、最近作ったたらしい小さな門がつつましやかに建っている。

突然「バギューン」という大きな銃声が夢を破った。

陽関の遺跡の片隅で、何とライフル銃を撃っている人がいる。

的は広大な荒野の果てに向けてある。なるほど、いくらぶっ放しても何ら問題は無いという事らしい。

観光客目当ての新手の商売だ。

哀愁を帯びて広がっていた陽関の大地が、とたんに俗っぽくなり、烽火台も心なしか色あせて見えた。

陽関を見ては、ぜひとも次は玉門関に行ってみたいと思ったが、残念ながらそこまでの時間はどうしても取れず、あきらめざるを得なかった。

玉門関もまた、「李白」が有名な詩を詠んでいる跡である。

長安　一片の月
万戸　衣をうつ声
秋風　吹いて尽きず
総てこれ玉門の情

いずれの日にか胡虜を平らげて
良人　遠征を罷めん

妻が出征中の良人を想う心情を、もの悲しく詠っている。

出征軍人もまた、この玉門関で、故郷を強く偲んだのである。


陽関を後にしたバスは、やがて敦煌古城に到着。

ここは１９８７年に日本の映画「敦煌」の撮影用に作られたセットを公開しているのだ。

巨大なスケールの城壁や街並みが日干しレンガで再現され、往時の敦煌の雰囲気をリアルに伝えているが、どうしても、まやかしのセットという事で、有難みはあまり感じられない。

敦煌市長歓迎晩餐会

ゴビ灘の砂漠の中にあり、少し風が吹くと砂埃がひどく、サングラスにマスクをかけての見学であった。


その日の夜は、敦煌市長の歓迎晩餐会で、何と駱駝の肉がでた。

もちろん敦煌においても駱駝は貴重な動物で、それを食する機会など、現地人でも滅多にあるものではない。

貴重だからと思うせいではなく、実際素晴らしくおいしい肉であった。

夕食の後は、「夜憩舎」という観光用

の施設で、若い踊り子達の踊りや、歌のショーを楽しんだ。

きらびやかな民族衣装がとても美しかった。

1996年5月5日　敦煌莫高窟　鳴砂山

さて、いよいよ本日は、今回のシルクロードツアーの中でも、一番メインの敦煌莫高窟の見学だ。敦煌市内から25㎞。ゴビ灘の砂漠を突っ走っていると、やがて右側に緑のオアシスが現れ、小高い砂の山が見えてくる。

鳴砂山だ。

その鳴砂山の山肌を大泉河が浸食し、できた断崖に、いくつもの窟が穿たれていて、遠い彼方まで延びている。

敦煌莫高窟の断崖の前には、ポプラの木が幾重にも帯状になって生えている。

石窟群を風害から守るために植えられた防風林だ。

敦煌莫高窟

敦煌莫高窟は、鳴砂山の断崖に造営された石窟群で、南北2㎞にわたり穿たれた、仏教美術の宝庫である。

しかしその半分以上は崩れ埋もれてしまって、現在残っている石窟数は492窟である。

石窟内に納められている塑像はおよそ2500体。

窟肉に描かれた壁画を並べると、なんと30㎞にも及び、その合計面積は50000㎡にも及ぶという。

壁画に描かれているのは、初期の作品は西域そのもので、仏伝や釈迦の前世の物語である本生譚の影響が強くでているが、後期になるにしたがい、神話や伝説などのテーマが煩雑に描かれているという。

本来鳴砂山の断崖は石と土砂が凝固した礫岩なので、彫刻には適していない。

敦煌・莫高窟

この為、穿いた洞窟の内部を泥土で塗り固め、漆喰の化粧壁に壁画を描いている。塑像もまた、粘土で造ったものを祀っている。

１９８７年、敦煌莫高窟は世界遺産にも登録された。

日本語の上手な敦煌陳列館

敦煌莫高窟・石窟

の職員のガイドで、入場する。
窟内は照明が無く真っ暗なので、見学には懐中電灯が必携だ。
むろん窟内は、カメラもビデオも持ち込み禁止となっていて、なかなかに厳しい。
しかし、窟外は撮影ＯＫなので、莫高窟の前の一際目立つ楼閣をバックに記念撮影。
この楼閣は8層からなり、高さ40ｍ以上もある。
撮影を済ませると、ゲートの側の売店

にカメラを預ける事となる。

ガイドの話によると、当時の観光客は年間20万。その内半分が日本人だという。

それもこれも「ＮＨＫ」で放映した「シルクロード」の影響であろう。


敦煌莫高窟が開かれた時代については諸説あるらしいが、もっとも一般的なのは前秦の３６６年（紀元２年）である。

僧「楽尊」が三危山から鳴砂山を仰ぎ見たところ、鳴砂山は金色に輝いて、まるで千仏があるかの様な光景であったという。

心打たれた楽尊は、そこでその地に一つの窟を造った。それが敦煌莫高窟の始まりであるという。

楽尊が造った一番最初の窟はどれかというと、残念ながらそれは今もって謎だという。

その後、窟の造営は、北魏、西魏、北州、隋、唐、五代、宋、西夏、元の時代までの1000年に及んだという。

なるほど壮大なわけである。


しかしながらこの敦煌莫高窟が世界的に有名になったのは、つい最近の事である。1900年、清末期に荒れ果てた莫高窟の第16窟に、王という道士が勝手に住み着いていたが、これがあまり立派な人物ではなく、16窟内でアヘンを吸っていると、その煙が、壁の割れ目に吸い取られて入ってしまうのに気づいたのである。

これはおかしい、向こうに何かあると思い、壁を壊してみると、果たしてその内部にはもう一つの小さな洞窟が広がっていた。

その中には、何と、4万点にも及ぶ経典や書画が床から天井まで堆く積まれていたのである。

誰が、何のために、この小さな洞窟の中に大量の仏典を隠したのか謎であるが、一説によると、１０３６年、河西を席巻していた西夏軍が敦煌を占領したが、この時に野蛮な西夏軍から貴重な経典や文書を守るために、ここに隠したのではないか、といわれている。

もし隠したものが金銀財宝であったら、どん欲な人間にたちまちに掘り起こされ、略奪されてしまったに違いない。

しかし物が文書類だったために、語り継がれる事もなく、いつしか人々の記憶から完全に消え去ってしまったものであろう。

そのおびただしい文書が、20世紀に突然、１０００年近い眠りから目醒めて出現したのであるから、騒然となった。

この大発見を伝え聞いた、イギリスのオーレル・スタインは１９０７年に敦煌莫高窟を訪れ、王道士に、同じ玄奘三蔵を尊敬する人物として信頼を得ると、大量の巻物、経文、仏画などをロンドンに持ち帰ったのである。

数万巻を超えたといわれる貴重な文書類は、現在もなお、大英博物館がまだその整理を完了できないほどもあるという。

その後も、フランスのペリオ。

１９０８年には日本の浄土真宗西本願寺宗主の大谷光瑞が組織した大谷探検隊。

アメリカのウォーナーらが次々に敦煌莫高窟を訪れ、貴重な敦煌文書を持ち出していったのである。

16窟は、意外に広い洞窟で、窟そのものはあまり貴重な窟ではないという。

16窟を大分入った右側の壁を穿って、問題の17窟が隠されていたが、なるほど小さな窟で、10人も入るともう満杯になってしまう。

ここで、そうした歴史上の悲哀があったと思うと、何やらより感慨深いものが感じられる。

第45窟は、唐代の窟でも、白眉といわれ、特に印象的なのが、首を右に傾げ柔和な笑みを浮かべている二菩薩像だ。

第61窟の西壁には五代山図が描かれ、文殊菩薩信仰の地五台山の巡礼風景が丹念に描かれている。

第96窟は北大仏殿で、敦煌莫高窟のシンボルである8層の楼閣の中に収まっている。

高さ34・5m。敦煌莫高窟最太の像で、造営は則天武后の時代にまで遡るという。

第130窟は、南大仏と呼ばれる高さ26mの大仏で、階段を上って正面からこの大仏の顔を拝する事ができる。

鳴砂山の断崖に掘られた、迷路の様な洞窟を上下左右して巡り、改めて、敦煌莫高窟の絢爛たる仏教美術に深い感動を覚える内に、莫高窟見学は、たちまちに終えてしまった。

莫高窟のすぐ側に、日本の無償援助で、2年前の1994年に11億円の巨費を投じて造られた「敦煌陳列館」がある。

ここには、莫高窟の中でも、特に貴重な窟や傷みの激しい窟が実物大で模写されて陳列されている。

中に入ると、まさに莫高窟そのもので、全てが全く同じに模造されている。

模造や模写といっても、画家が丁寧に長い年月をかけて、本物と寸分違わぬものを造っているのだ。

やがては、一般にはこれを公開して、本物は保存のために、完全閉鎖される事になるのかもしれない。

鳴砂山

敦煌の仏教美術の見学を終えると、夕方からは、鳴砂山だ。

鳴砂山は文字どおり黄色い砂丘の山で、ゴビ灘の砂漠の砂とは違う。細かい粒子の砂で、まさに月の砂漠のイメージそのものの世界だ。市内から5㎞ほどの近くにあり、入り口には、観光客用の駱駝が何十頭も待ちかまえている。当然、今度はこれに乗って、月の砂漠を旅するのだ。

鳴砂山

駱駝は後ろ足から立ち上がるので、油断して振り落とされない様にとガイドから注意を受けていたにもかかわらず、いきなり後ろから突き上げられて驚きの悲鳴がそちこちで上がっている。

私は片手でビデオを持っているので、いささか不安定だが、構えていたので、何とか衝撃に耐える事ができた。

観光客慣れした意地の悪い駱駝は、それこそ人間共を振り落として笑ってやろうと、意識して不意を付く不埒な駱駝も

鳴砂山の駱駝

いるのだと訳知り気にいう奴もいる。ずる賢そうな駱駝の顔を見たら、なるほどそうかもしれないと合点がいった。

駱駝は上下運動の激しい乗り物で、駱駝の背中の上からビデオを回すのは大変であったが、それこそ貴重な体験なので、ビデオにカメラにとなかなかに忙しく撮影。

鳴砂山の稜線上を歩いて登っている人々の姿が小さく見える。ゆったりとした駱駝の足でも15分もすると鳴砂山の山懐に到着する。駱駝はそこで終わりだ。木の板で造った階段が、鳴砂山の山頂めがけて一直線に伸びている。なるほどあれなら登りやすいかもしれない。

1元を払っただけあって確かに登りやすいが、遙か山頂まで続いているかと思われた階段が、何と中腹までで途切れている。そこからは足首まで埋まる砂を踏みしめて、ゆっくりと登るしかない。

砂山は結構な急斜面で続いていて、一歩進んでは半歩ずり落ちてしまう。非効率この上ないが、ひたすら登るしか手はない。

存分に汗をかいて登り続けるとやがて山頂に辿り着いた。

鳴砂山は独立峰ではない。東は莫高窟から始まり、西は党河に至る長さ40㎞の広大な砂漠の山だ。

山頂とはいえ、稜線が幾重にもうねりながら続いている。

眼下には月牙泉の三日月形の小さな湖が神秘的に横たわっている。

夕暮れの黄金の光が、広大な砂丘を真っ赤に染め上げている。

これは、まさに月の砂漠そのものではないか、思わずつぶやいて、「月の～砂漠を～」と口ずさんでしまう。

そう思って、イヤそのためにこそ日本から履いて

鳴砂山の階段（途中まで）
当然山頂まで続いていると思ったが……

鳴砂山での記念撮影

きたスニーカーは、すでに足首まですっぽりと砂に埋もれてしまった。当然靴の中まで砂が入り込んでしまい、焼けた砂が熱いくらいだが、脱いで砂を払ったところできりがない。なる様にしかならないのだ。

そう思うと、もはや怖いものなしだ。何処でも委細かまわず闊歩できるのだ。鳴砂山の砂丘を奔放に彷徨ってみた。実に気持ちがいい。

山頂まで登る人はさすがに少なく、若い人達のグループや、家族連れの姿が少しあった。

砂の上を何か指で書いたり、横たわったりして、月の砂漠の神秘の世界をみんな楽しんでいる。

私はそこを離れて、遙か眼下の月牙泉をめざして降りようと思った。

誰も歩いていない真《ま》っ新《さら》な砂丘は意外に深く埋まり、下りなのになかなか思う様に足が動かない。

その内、足から抜け落ちた靴が、熱い砂の中

鳴砂山・月牙泉

月の砂漠の鳴砂山

に埋もれてしまった。

指で掘ってもサラサラの砂はたちまちに元に還り、簡単には靴が探せない。

やがて風が少し吹いてきて、それはたちまち砂嵐となって、目も開けられない状況だ。

幸いそれはすぐに止んだが、強い風が吹いたらあっという間に遭難するに違いない。

美しい神秘な世界と、恐ろしい死の世界とが、ここではまさに表裏一体で、繰り返されているのだ。

1996年5月6日　敦煌〜北京

敦煌の宿舎を9時40分に出発、敦煌空港11時38分発の飛行機で西安に飛ぶ。

ここ西安こそは、秦の始皇帝が中国最初の統一国家を紀元前221年に築き上げたところである。

始皇帝の強大な権力の象徴ともいえる兵馬俑。

前漢時代には秦を滅ぼした項羽と劉邦の興亡。

そして漢の武帝と、将軍霍去病、張騫の偉業。

その後の後漢時代とそれに続く「三国志」で有名な魏、呉、蜀の三国時代。

618年には唐の高祖、李淵が天下を治め、長い唐の時代は907年まで続いた。

かの玄奘三蔵が長いインドの旅から多くの仏典を抱えて長安に戻ってきたのは645年である。

唐の時代には李白や杜甫といった詩人が誕生し、長安はアジア最大の国際都市にまで登り詰めた。

しかしその長安の泰平も、絶世の美女といわれた楊貴妃によって崩壊する事となる。

名君玄宗は62歳にして、27歳の楊貴妃に溺れて、国勢を忘れ、それが安禄山の反乱を許し、厄災の元凶となった楊貴妃は死を宣告される。

その後唐は急速に衰え、中国はまたも分裂興亡の波乱の時代を迎える。

唐末期の戦乱で壊滅状態となった長安は、以後首都として浮上する事は二度と無かった。

現在の西安は、明の時代に造営されたものである。


中国の長い興亡の歴史の中心であった西安には大雁塔、兵馬俑、秦の始皇帝陵に代表される様に見るべき史跡が実に多い。

しかし、この西安には、実に残念な事に飛行機の乗り換えに着陸しただけで、今回見学する時間は全く無かった。

後ろ髪を引かれながら夕刻には西安を出発、17時45分再び北京空港に降り立った。

19時20分、ホテル着。

１９９６年５月７日　北京〜帰国

午前中は全国青年連合会本部を訪問。

湖畔の歓迎昼食会の後、北京を離れる。

成田着は20時であった。


壮大な時間と道のりを越えて、東西文化が交差した遙かなるシルクロード。

その５０００年の栄枯盛衰の歴史を辿る旅はようやく終了した。

現代の旅においてなお、容易ならざる荒涼たる砂漠の大地を、１００年前、いや１０００年前、３０００年前に辿った先人の苦労はいかばかりだったのか、想像を絶するものがある。

その苦労の果てに、歴史に名を残した者もあり、その後の歴史をも変えた旅人もいる。

もとより、今回の私の旅は、歴史上何らかの意義も意味も無い。むろん伝えるべき発見とて何も無いが。しかし、少なくとも、私自身の人生にとっては、非常に意義のある、代え難い貴重な旅であったと満足している。

その満足感に甘えて、貴重な旅のレポートを書く事を、これまで怠惰にさぼっていたが、「旅した事は、後に伝えなければ、全くもって何の意義も無い。それは行かなかったと同じ事だ」と誰かがいっていた。

なるほど確かにそうかもしれない。

たとえ自己満足であれ、その貴重な体験を後生に残し伝えていく事が、私にできる小さな仕事なのであろう。

今回一念発起でこの紀行文をまとめ上げてみた。

せめてそれくらいが、私が自分自身にできる、旅した事への小さな証なのである。

その名もない小さな旅に、最後までつきあっていただいた皆様に、心からの感謝を禁じ得ない。


（完）

あとがき

旅した事をきちんと残さなければ、その旅は忘却の彼方に去ってしまうと思い、自らの記録として執筆しておいたのがこの紀行文であり、それが71歳を過ぎた今となって一冊の本として結実するとは夢想だにせぬ事であった。

もちろん今その過去を思い出しながら書けといわれても絶対不可能の事であろう。無駄と思える地道な活動の積み重ねが、結果思わぬ形で結実する奇跡もあるという事を、今回の出版は如実に示してくれたのだと思う。

サンフランシスコ・ヨセミテは、雑誌「ランナーズ」の懸賞当選がきっかけでフルマラソンに挑戦したものであった。

シルクロードや長江三峡下り探訪は、当時勤務していた三島町の佐久間建設の業務に絡む旅でもあったという事で、その意味では幸運な旅であったのかもしれない。

中国については、この旅も含めて私にとっては妙に深い縁がある。中国政治の指導者として、今隆盛を誇っている王毅外務大臣であるが、会津磐梯山にプライベートで登っている。その案内人を実は私がやっていた。王毅氏は当時駐日本大使の要職についていたが（２００４年〜２００７年）、プライベートとはいえ、米国に並ぶ国賓国家の大使に万が一の事があったら国家間の重大問題になるという事で、福島県警は登山路に多数の私服警官を配置し、山麓には県警ヘリも待機する大掛かりなものとなった。

王毅氏は前夜に東山温泉の向滝に宿泊し、私も氏と一緒に宿の温泉風呂に入った事を覚えている。

翌日の磐梯山登山も無事に終わり、磐梯熱海温泉で汗を流した王毅氏は郡山駅から新幹線で東京に帰っていったが、その郡山駅までの氏の乗車する車両の前後は、福島県警の覆面パトカーが固めていた。

郡山市内の渋滞にはまった瞬間、覆面パトは天下の宝刀をきらりと抜いた。車の屋根には赤色回転ランプが突如煌めき、スピーカーが轟然と咆哮した。

「前方の車両は直ちにどきなさい、県警の緊急走行です!!」

関係車両は赤信号も颯爽と蹴散らして、郡山駅広場にあっという間に滑り込んだ。

同乗していた私も異例の特別待遇に遭遇し、胸がスカッと高鳴ったのは何故だろう。

ちなみに福島県警のこうした要人の緊急走行は、後にも先にもこれ以外には今だ無いのだという。

これもまた貴重すぎる体験ではあった。

私の本業である写真撮影による只見線復活活動もしかり、私が地区民と共に始めた霧幻峡の渡しの取り組みもまた、奥会津を代表する人気の観光コンテンツとして俄然脚光を浴びている。

一朝一夕では無く、数十年の地道で長い実践活動の積み重ねが、インバウンドを含めた地域の活性化に大きく貢献している現状は、議論ではなく、実践し、具体的に行動する事の大切さを何より結果で示している。

只見線の活動に関しても、景観整備と共に、ドキュメンタリー映画「霧幻鉄道・只見線」の製作が現在進行中で、完成後には日本中は元より、台湾など海外での更なるPR活動も視野に入れている。

もちろんそうであれば、今回の「世界見て歩き」だけでなく只見線や霧幻峡の渡しなど、奥会津に関する紀行文も書く責任が出てきたのかなとも感じている。

ともあれ、留まる事の無い私の闘いは、刀折れ矢尽きるまで続くのかもしれない。

著者略歴
星　賢孝（ほし・けんこう）

奥会津と只見線だけを撮影する郷土写真家。

近年上海や台湾での写真展や講演会も行い、インバウンドでの地域活性化にも取り組んでいる。

新聞テレビ等のマスコミにも多数出演し、只見線PR活動に注力している。

50年前に廃村で消滅した「霧幻峡の渡し」を復活させ、3年目に「2018じゃらんランキング」で全国8位にランクインさせた。

2019年福島民友新聞社による「みんゆう県民大賞・ふるさと創世賞」を受賞。

2019年5月「只見線写真集・四季彩々」を出版。

2019年中国・上海市と東京にて各1ヶ月只見線写真展を開催。

台湾・台北市の福島県との共催による只見線写真イベントでは10日間で13900人を集客した。

シルクロード・長江三峡・ヨセミテ紀行
星賢孝の世界見て歩き

2020年5月6日　第1刷発行

著　者　星　賢孝

発行者　阿部隆一

発行所　歴史春秋出版株式会社
〒965-0842
福島県会津若松市門田町中野
TEL 0242-26-6567

印刷所　北日本印刷株式会社